"浙学大家"丛书

浙江省习近平新时代中国特色社会主义思想研究中心课题成果

文献之统
吕祖谦

吴　光　主编

徐儒宗　著

浙江人民出版社

图书在版编目（CIP）数据

文献之统 ：吕祖谦 / 徐儒宗著 ；吴光主编.

杭州 ：浙江人民出版社，2025. 6. -- ISBN 978-7-213
-11975-0

Ⅰ. B244. 99

中国国家版本馆CIP数据核字第2025DC1191号

文献之统：吕祖谦

徐儒宗　著　吴　光　主编

出版发行：浙江人民出版社(杭州市环城北路177号　邮编　310006)

　　　　　市场部电话：(0571)85061682　85176516

责任编辑：沈敏一　　　　　　　　责任校对：马　玉

责任印务：程　琳　　　　　　　　封面设计：厉　琳

电脑制版：杭州天一图文制作有限公司

印　　刷：杭州钱江彩色印务有限公司

开　　本：880毫米×1230毫米　1/32　　印　　张：9.625

字　　数：190千字　　　　　　　　插　　页：2

版　　次：2025年6月第1版　　　　印　　次：2025年6月第1次印刷

书　　号：ISBN 978-7-213-11975-0

定　　价：68.00元

如发现印装质量问题,影响阅读,请与市场部联系调换。

"浙江文化研究工程成果文库" 总序

有人将文化比作一条来自老祖宗而又流向未来的河，这是说文化的传统，通过纵向传承和横向传递，生生不息地影响和引领着人们的生存与发展；有人说文化是人类的思想、智慧、信仰、情感和生活的载体、方式和方法，这是将文化作为人们代代相传的生活方式的整体。我们说，文化为群体生活提供规范、方式与环境，文化通过传承为社会进步发挥基础作用，文化会促进或制约经济乃至整个社会的发展。文化的力量，已经深深熔铸在民族的生命力、创造力和凝聚力之中。

在人类文化演化的进程中，各种文化都在其内部生成众多的元素、层次与类型，由此决定了文化的多样性与复杂性。

中国文化的博大精深，来源于其内部生成的多姿多彩；中国文化的历久弥新，取决于其变迁过程中各种元素、层次、类型在内容和结构上通过碰撞、解构、融合而产生的革故鼎新的强大动力。

中国土地广袤、疆域辽阔，不同区域间因自然环境、经济环境、社会环境等诸多方面的差异，建构了不同的区域文化。区域文化如同百川归海，共同汇聚成中国文化的大传统，这种大传统如同春风化雨，渗透于各种区域文化之中。在这个过程中，区域文化如同清溪山泉潺潺不息，在中国文化的共同价值取向下，以自己的独特个性支撑着、引领着本地经济社会的发展。

从区域文化入手，对一地文化的历史与现状展开全面、系统、扎实、有序的研究，一方面可以借此梳理和弘扬当地的历史传统和文化资源，繁荣和丰富当代的先进文化建设活动，规划和指导未来的文化发展蓝图，增强文化软实力，为全面建设小康社会、加快推进社会主义现代化提供思想保证、精神动力、智力支持和舆论力量；另一方面，这也是深入了解中国文化、研究中国文化、发展中国文化、创新中国文化的重要途径之一。如今，区域文化研究日益受到各地重视，成为我国文化研究走向深入的一个重要标志。我们今天实施浙江文化研究工程，其目的和意义也在于此。

千百年来，浙江人民积淀和传承了一个底蕴深厚的文化传统。这种文化传统的独特性，正在于它令人惊叹的富于创造力的智慧和力量。

浙江文化中富于创造力的基因，早早地出现在其历史的源头。在浙江新石器时代最为著名的跨湖桥、河姆渡、马家浜和良渚的考古文化中，浙江先民们都以不同凡响的作为，在中华民族的文明之源留下了创造和进步的印记。

浙江人民在与时俱进的历史轨迹上一路走来，秉承富于创造力的文化传统，这深深地融汇在一代代浙江人民的血液中，体现在浙江人民的行为上，也在浙江历史上众多杰出人物身上得到充分展示。从大禹的因势利导、敬业治水，到勾践的卧薪尝胆、励精图治；从钱氏的保境安民、纳土归宋，到胡则的为官一任、造福一方；从岳飞、于谦的精忠报国、清白一生，到方孝孺、张苍水的刚正不阿、以身殉国；从沈括的博学多识、精研深究，到竺可桢的科学救国、求是一生；无论是陈亮、叶适的经世致用，还是黄宗羲的工商皆本；无论是王充、王阳明的批判、自觉，还是龚自珍、蔡元培的开明、开放，等等，都展示了浙江深厚的文化底蕴，凝聚了浙江人民求真务实的创造精神。

代代相传的文化创造的作为和精神，从观念、态度、行为方式和价值取向上，孕育、形成和发展了渊源有自的浙江地域文化传统和与时俱进的浙江文化精神，她滋育着浙江的生命力、催生着浙江的凝聚力、激发着浙江的创造力、培植着浙江的竞争力，激励着浙江人民永不自满、永不停息，在各个不同的历史时期不断地超越自我、创业奋进。

悠久深厚、意韵丰富的浙江文化传统，是历史赐予我们的宝贵财富，也是我们开拓未来的丰富资源和不竭动力。党的十六大以来推进浙江新发展的实践，使我们越来越深刻地认识到，与国家实施改革开放大政方针相伴随的浙江经济社会持续快速健康发展的深层原因，就在于浙江深厚的文化底蕴和文化传统与当今时代精神的有机结合，就在于发展先进生产力与发展先进文化的有机结合。今后一个时期浙江能否在全面建设小康社会、加快社会主义现代化建设进程中继续走在前列，很大程度上取决于我们对文化力量的深刻认识、对发展先进文化的高度自觉和对加快建设文化大省的工作力度。我们应该看到，文化的力量最终可以转化为物质的力量，文化的软实力最终可以转化为经济的硬实力。文化要素是综合竞争力的核心要素，文化资源是经济社会发展的重要资源，文化素质是领导者和劳动者的首要素质。因此，研究浙江文化的历史与现状，增强文化软实力，为浙江的现代化建设服务，是浙江人民的共同事业，也是浙江各级党委、政府的重要使命和责任。

2005 年 7 月召开的中共浙江省委十一届八次全会，作出《关于加快建设文化大省的决定》，提出要从增强先进文化凝聚力、解放和发展生产力、增强社会公共服务能力入手，大力实施文明素质工程、文化精品工程、文化研究工程、文化保护工程、文化产业促进工程、文化阵地工程、文化传播工程、文化人才工程等"八项工程"，实施科教兴国和人才强国战略，加快建设教育、科技、卫生、体育等"四个强省"。作为文化建设"八项工程"之一的文化研究工程，其任务就是系统研究浙江文化的历史成就和当代发展，深入挖掘浙江文化底蕴、研究浙江现象、总结浙江经验、指导浙江未来的发展。

浙江文化研究工程将重点研究"今、古、人、文"四个方面，即围绕浙江当代发展问题研究、浙江历史文化专题研究、浙江名人研究、浙江历史文献整理四大板块，开展系统研究，出版系列丛书。在研究内容上，深入挖掘浙江文化底蕴，系统梳理和分析浙江历史文化的内部结构、变化规律和地域特色，坚持和发展浙江精神；研究浙江文化与其他地域文化的异同，厘清浙江文化在中国文化中的地位和相互影响的关系；围绕浙江生动的当代实践，深入解读浙江现象，总结浙江经验，指导浙江发展。在研究力量上，通过课题组织、出版资助、重点研究基地建设、加强省内外大院名校合作、整合各地各部门力量等途径，形成上下联动、学界互动的整体合力。在成果运用上，注重研究成果的学术价值和应用价值，充分发挥其认识世界、传承文明、创新理论、咨政育人、服务社会的重要作用。

我们希望通过实施浙江文化研究工程，努力用浙江历史教育浙江人民、用浙江文化熏陶浙江人民、用浙江精神鼓舞浙江人民、用浙江经验引领浙江人民，进一步激发浙江人民的无穷智慧和伟大创造能力，推动浙江实现又快又好发展。

今天，我们踏着来自历史的河流，受着一方百姓的期许，理应负起使命，至诚奉献，让我们的文化绵延不绝，让我们的创造生生不息。

2006 年 5 月 30 日于杭州

"浙学大家"丛书总论

吴　光

一、引言

　　浙学概念的正式提出虽然始于南宋，但作为一种富有地域特色的学术文化形态则可以追溯到更远，大致萌芽于古越国而成形于秦汉时期的会稽郡时期。习近平同志在浙江工作期间，就很重视对浙学与浙江文化的研究，他曾多次到南孔圣地衢州调研考察，在 2005 年 9 月 6 日第五次到衢州调研时，曾指示："衢州历史悠久，是南孔圣地，孔子文化值得很好挖掘、大力弘扬，这一'子'要重重地落下去。"2004 年 10 月 27 日，习近平同志在致陈亮国际学术研讨会组委会的贺信中说："陈亮是我国著名的爱国主义者，杰出的思想家、文学家。他创立的永康学派，强调务实经世，为'浙江精神'提供了重要的历史文化内涵。研究陈亮学说，就是要探寻浙江优秀文化传统，在研究浙江现象、总结浙江经验、提炼'浙江精神'方面取得创造性成果，为我省经济发展、社会进步、文化繁荣，提供重要的精神动力。"2006年3月28日，习近平同志在致黄宗羲民本思想国际学术研讨会组委会的贺信中说："黄宗羲是我国明清之际杰出的思想家、史学家、文学家和教育家，是浙江历史上的文化伟人。他所具有的民主启蒙性质的民本思想，在中国思想文化史上产生了很大影响。"这些重要的贺信、讲话与指示，对于我们今天深入发掘浙学基本精神、开展"浙学大家"系列研究是有指导性意义的。

2023年春，浙江省文史研究馆领导委托我主持编写《浙学与治国理政》一书，主要作者是我与张宏敏研究员。该书出版后，在政界、学界和企业界颇受关注。省委宣传部领导赞同浙学的理念，并积极支持省文史馆组织写作团队策划名为"浙学大家"丛书的项目。于是，文史馆领导召集了多次有馆员与工作人员参加的会议，并组成了汇合馆内外专家参与的项目团队。大家推举我任丛书主编，并遴选了王充、吕祖谦、陈亮、叶适、王阳明、刘宗周、黄宗羲、章学诚、章太炎、马一浮等十大浙学名家作为"浙学大家"丛书第一辑立传对象，各卷作者则分别选定由白效咏、徐儒宗、董平（兼陈亮、王阳明二卷）、何俊、张宏敏、吴光、钱茂伟、宫云维、邓新文等九位专家担任。之所以选这十大浙学名家，是因为王充是浙学史上第一个有系统哲学思想和政治思想的思想家，可视为"浙学开山祖"。吕祖谦、陈亮、叶适分别是南宋浙学鼎盛时期的主要代表，王阳明、刘宗周是明代浙学的领袖，黄宗羲、章学诚则是清代浙东经史学派的创立者和理论代表，章太炎可谓集大成的浙学宗师，马一浮则是富有中华文化自信的杰出代表，被誉为"现代新儒家三圣之一"。总之，这些思想家既是浙学的代表，又各具独立的思想体系。这个项目经文史馆申报后很快获得浙江文化研究工程领导小组评审通过，被列为省重大社科研究项目。后续还将进一步推进"浙学大家"丛书编写工作。

二、"浙学"的文化渊源与思想内涵

既然叫"浙学大家"丛书，不能不就浙学的内涵、外延及其发展脉络、基本精神、当代价值等问题作出较为系统的论述。先从浙学的文化渊源谈起。

浙学之名，虽然始于南宋朱熹，但浙学之实源远流长，甚至可以追溯到史前浙江距今约7000年的"河姆渡文化"与距今约5000年的"良渚文化"等文物遗存。

首先需要强调的是，浙学并不是孤立的存在，而是华夏文化，也即大中华文化中一个具有鲜明地域特色的重要分支。作为地域文化的重要分支，她从古越国时代就已发端，在汉唐时期已具雏形，而在北宋时期形成学派，在南宋时期走向鼎盛，历经元明清以至近现代，绵延不断。总之，浙学在宋元明清时代蓬勃发展，逐渐从文化的边缘走向中心，在中华文化发展史上起到了重要作用。在习近平新时代中国特色社会主义思想的指引下，随着浙江经济社会的长足发展和学术文化的日益繁荣，人们对隐藏在蓬勃发展背后的文化动力日益关注并进行了深层次的探讨。

从地域文化的历史看，浙江在古代属于吴越文化地区。吴、越地区包括现在的苏南、上海和浙江全境，自古以来就有着密不可分的文化联系。据历史文献记载，"吴""越"的称谓始于殷周之际。据《史记·吴太伯世家》《吴越春秋》《越绝书》等书记载，3100多年前，周太王古公亶父的长子泰伯、次子仲雍，为了避让王位而东奔"荆蛮"，"自号勾吴"，"荆蛮义之，从而归之者千有余家，共立以为勾吴"①。后来，周武王伐纣胜利后，"追封太伯于吴"。到吴王阖闾时，国势强盛。其子夫差，一度称霸诸侯，国土及于今之江、浙、鲁、皖数省，后被越王勾践所灭，其地为越吞并。至于"越"之缘起，据史书所载，因夏禹死后葬于会稽②，夏后帝少康封其庶子于此，传二十余世而至允常、勾践父子，自立为越王，号"於越"（"於"读作"乌"）。其时吴越争霸，先是吴胜越败，后来越强灭吴，勾践称霸，再传六世而为楚所灭。

然而，作为诸侯国的吴、越虽然灭亡，但其所开辟的疆土名称及其文化习俗却一直传承发展至今。从地理而言，吴越分

---

① 《吴太伯传》，见赵晔撰、薛耀天译注：《吴越春秋译注》，天津古籍出版社1992年版，第4页。勾（句）吴，在今江苏无锡境内。

② 相传夏朝始祖大禹卒后葬于会稽山麓。今浙江绍兴东南郊的会稽山麓有"大禹陵"建筑群，由禹陵、禹祠、禹庙三大建筑组成。大禹陵始建于明嘉靖年间，清康熙年间重修，20世纪90年代又经绍兴市政府整修，现为全国重点文物保护单位。自1995年以来，当地政府每年都要举行公祭大会祭奠大禹。

属两地却有许多重叠，如"吴会"，或指会稽一郡，又指吴与会稽二郡；如"三吴"，既含吴地，又含越地，跨越今之江、浙、沪二省一市；如"吴山"，却不在吴都（今属苏州）而在越地（今属杭州）。正如《越绝书·纪策考》所记伍子胥言"吴越为邻，同俗并土"，以及同书《范伯》篇所记范蠡言"吴越二邦，同气共俗"。这说明吴、越地区的文化联系历来非常密切，其习俗也相当接近。这也是人们经常合称"吴越文化"的历史原因。

但严格地说，"吴越文化"是有吴文化与越文化的各自特色的。"吴文化"主要指苏南、上海地区的文化传承，"越文化"则主要是指今浙江地区的文化传承。考古发掘的材料已经确证：距今1万年左右的上山文化遗址①，距今8000年以上的跨湖桥文化（在今浙江杭州市萧山区境内）、距今7000年的河姆渡文化（在今浙江余姚市境内），以及稍后兴起的、距今4000—5000年的良渚文化（在今浙江余杭境内），以其在当时堪称先进的制陶、制玉工艺和打制、磨制、编制的石器、骨器、木器、竹器等生产工具、生活用具以及干栏式建筑，向全世界宣告了长江三角洲地区特别是浙江地区史前文明历史的悠久与发达。而在上古文明史上，浙江以其古越国、汉会稽郡、五代吴越国的辉煌历史著称于世。这一切，为浙江人文精神传统的形成及代表这个传统的"浙学"的形成提供了丰富厚重的历史依据。然而，

---

①上山文化遗址最早发现于浙江金华市浦江县上山村，属于新石器时代文化类型，距今8500—11000年。

从学术发展的脉络而言，作为一种具有地域文化特色的"浙学"的思想源头，可以追溯到东汉会稽郡上虞县的杰出思想家王充那里。我研究王充思想历有年所，于1983年6月发表的文章中概括了王充思想的根本特点是"实事疾妄"①，又于1993年10月在"全国首届陈亮学术研讨会"上明确提出"王充为浙学开山祖"②的观点。2004年，我在《简论浙学的内涵及其基本精神》一文中首次提出浙学内涵的狭义、中义、广义之别，拙文指出：

> 关于"浙学"的内涵，应该作狭义、中义与广义的区分。狭义的"浙学"（或称"小浙学"）概念是指发端于北宋、形成于南宋永嘉、永康地区以陈傅良、叶适、陈亮为代表的浙东事功之学；中义的"浙学"概念是指渊源于东汉、酝酿形成于两宋、转型于明代、发扬光大于清代的浙东经史之学，包括东汉会稽王充的"实事疾妄"之学、南宋金华之学、永嘉之学、永康之学、四明之学以及明代王阳明心学、刘宗周慎独之学和清代以黄宗羲、万斯同、全祖望为代表的浙东经史之学；广义的"浙学"概念即"大

---

① 吴光：《王充学说的根本特点——"实事疾妄"》，载《学术月刊》1983年第6期。
② 萧文在《全国首届陈亮学术讨论会综述》中指出，"对陈亮思想的渊源，前人无甚论说。吴光认为，首先是荀子，在先秦儒家中，他的富国强兵、关注现实的态度得到了陈亮充分的回应。其次是王充，作为浙学的开山祖，应该是陈亮思想的一个源头"。参见永康市陈亮研究会编：《陈亮研究论文集》，杭州大学出版社1994年版，第212页。

浙学"概念，指的是渊源于古越、兴盛于宋元明清而绵延于当代的浙江学术思想传统与人文精神传统。这个"大浙学"，是狭义"浙学"与中义"浙学"概念的外延，既包括浙东之学，也包括浙西之学；既包括浙江的儒学与经学传统，也包括浙江的佛学、道学、文学、史学、方志学等人文社会科学传统，甚至在一定意义上涵盖了有浙江特色的自然科学传统。当然，"大浙学"的主流，仍然是南宋以来的浙东经史之学。①

我之所以将王充判定为"浙学开山祖"和中义浙学的源头，首先是因为王充是浙江思想文化史上第一个建立了系统的哲学理论、形成了思想体系的思想家。他的"实事疾妄"的学术宗旨代表了务实、批判的实学精神，"先富后教"②的治理主张代表了民生为重的民本精神，"文为世用"③的主张则体现了经世致用的实学精神，"德力具足"的"治国之道"④体现了一种儒

---

① 吴光：《简论"浙学"的内涵及其基本精神》，载《浙江社会科学》2004年第6期。

② "先富而后教"的思想，见《论衡·问孔篇》中引用孔子答学生冉求之语。尽管王充认为此语与孔子答子贡"去食存信"的思想有矛盾，但显然王充是主张"富而后教"观点的。

③ 《论衡·自纪篇》曰："（文）为世用者百篇无害，不为用者一章无补。"这句话强调文章须为世用，正是一种"经世致用"的观念。

④ 《论衡·非韩篇》曰："治国之道，所养有二：一曰养德，二曰养力。养德者，养名高之人，以示能敬贤；养力者，养气力之士，以明能用兵。此所谓文武张设，德力具足者也。"显然这是儒法兼治的政治思想。

法兼容的多元包容精神。而这些正是宋元明清乃至近现代薪火相传的"浙学"基本精神。其次，王充的《论衡》及其"实事疾妄"思想极大地影响了后世学者、思想家，尤其是浙学家。我曾系统检索《四库全书》电子版等工具书，竟有重大发现可以佐证"王充是浙学开山祖"观点：非浙籍名家中，有范晔、韩愈、王夫之、顾炎武、方以智、惠栋等数十人引用了《论衡》。浙籍名家中，则有高似孙、毛晃、吕祖谦、王应麟、黄震、方孝孺、黄宗羲、万斯同、陆陇其、朱彝尊、胡渭等名家引用了《论衡》。比如，南宋文献大师、鄞县人王应麟引《论衡》十一条，其《玉海》卷五十八《越纽录》云："王充《论衡》，吴君高之《越纽录》，周长生之《洞历》，刘子政、杨子云不能过也。"黄宗羲的高足、鄞县万斯同著《儒林宗派》，卷三将"王充，班彪门人"列为"诸儒兼通五经"者。清初浙西名儒如萧山人毛奇龄、德清人胡渭、平湖人陆陇其、嘉兴人朱彝尊等都多处征引王充《论衡》以伸其说。上述《四库全书》著者引用《论衡》的史料足以证明，王充及其《论衡》在中国学术思想史和浙江思想文化史上确有巨大影响，因此，我们誉之为"浙学开山祖"并不为过。

虽然王充本人影响较大，但王充时代并没有形成人才济济的"浙学"学派。"浙学"的直接源头还是北宋初期在湖州府因讲学闻名而被延请至太学讲学的安定先生胡瑗。诚如全祖望《宋元学案·士刘诸儒学案》叙录中所言："庆历之际，学统四起"，其中浙东、浙西之学"皆与安定湖学相应"，说明湖学是浙学的直接源头。但浙学的兴盛还是在永嘉、永康、金华、四明之学异军突起的南宋。到了明代中后期，以王阳明为宗主的姚江学派不仅遍及两浙，而且风靡全国，确立了良知心学。而在明清之际，刘宗周的慎独之学独树一帜，形成了涵盖两浙的蕺山学派；其高足弟子黄宗羲接踵而起，力倡重视经世实践的"力行"实学，开创了具有民主启蒙性质和实学特征的浙东经史学派，从而使"浙学"升华到深刻影响中国思想潮流的地位，成为推动近代思想解放和民主革命运动的思想大旗。

三、"浙学"的演变与学派分合

（一）"浙学"内涵的延伸与扩展

过去，在论及浙江学术文化时，谈得较多的是"浙东学派"与"浙东史学"，而忽略了起源更早的"浙学"之说。究其原委，盖因清代浙东史学家章学诚写了一篇题名《浙东学术》的文章，近代学术大师梁启超在20世纪初撰写了《清代学术概论》与《中国近三百年学术史》这两部名著，极力推崇"浙东学派"和"浙东史学"。

其实，"浙学"比"浙东学派"的概念要早出现400多年。最早是由南宋理学家朱熹（1130—1200）提出，而"浙东学派"的概念则始见于清初大儒黄宗羲（1610—1695）的著作。

朱熹论"浙学"，一见于《晦庵集》卷五十《答程正思书》，曰："浙学尤更丑陋，如潘叔昌、吕子约之徒，皆已深陷其中。不知当时传授师说，何故乖讹便至于此，深可痛恨！"再见于门人黎靖德编《朱子语类》，曰："江西之学（指陆九渊心学）只是禅，浙学（指永嘉、永康之说）却专是功利。禅学，后来学者摸索一上，无可摸索，自会转去。若功利，则学者习之便可见效，此意甚可忧。"①可见朱熹论浙学相当偏颇。然其论虽偏，但他最早提出"浙学"名称之功是不可抹杀的。

明代中期以后，阳明心学风靡两浙，"浙学"获得正面评价。时任浙江提学副使的福建晋江人刘鳞长编著《浙学宗传》一书，共立案44人，其中浙籍学者39人，非浙籍5人。其长在于涵盖了"两浙诸儒"，并将王阳明心学人物入传，已粗具"大浙学"的框架。然失之于简略，有以偏概全之弊。

"浙东学派"的概念首见于黄宗羲。黄宗羲在《移史馆论不宜立理学传书》一文中首次使用了"浙东学派"一词，他在该文批评当时明史馆修史诸公所传《修史条约·理学四款》之失，驳斥其所谓"浙东学派，最多流弊"之言说："有明学术，白沙（陈献章）开其端，至姚江（王阳明）而始大明。……逮及先师蕺山（刘宗周），学术流弊，救正殆尽。向无姚江，则学脉中绝；向无蕺山，则流弊充塞。凡海内之知学者，要皆东浙之所衣被也。今忘其衣被之功，徒訾其流弊之失，无乃刻乎！"②在

①《陈君举》，见黎靖德编、王星贤点校：《朱子语类》第八册，中华书局1994年版，第2967页。
②黄宗羲：《南雷诗文集·移史馆论不宜立理学传书》，见沈善洪主编、吴光执行主编：《黄宗羲全集》第十册，浙江古籍出版社2005年版，第221页。

这里，黄宗羲明确说明史馆诸臣已经批评了"浙东学派"的"流弊"（可见"浙东学派"一词的最早提出者应早于黄宗羲），并把王阳明心学和刘蕺山慎独之学归入浙东学派，等于建立了明清浙学的学术统系。据考证，黄氏还在明崇祯年间汇编过一部集数十名浙东学者著作于一编的《东浙文统》若干卷。但黄宗羲所谓学派，指的是学术脉络，并非现代意义的学派，他对"浙东学派"的理论内涵也未作出界定。

黄宗羲之后，首先是作为"梨洲私淑"的全祖望在所撰《宋元学案》中对"浙学"的内涵作了外延，并对浙学作了肯定性评价。如他在《宋元学案·士刘诸儒学案》叙录中称：

> 庆历之际，学统四起，齐、鲁则有士建中、刘颜夹辅泰山而兴；浙东则有明州杨、杜五子、永嘉之儒志、经行二子，浙西则有杭之吴存仁，皆与安定（胡瑗）湖学相应。[①]

此外，全氏在《周许诸儒学案》叙录中称"浙学之盛，实始于此（指永嘉九先生）"，在《北山四先生学案》叙录中称赞金华四先生（何基、王柏、金履祥、许谦）为"浙学之中兴"，在《东发学案》叙录中将四明朱学传人黄震归入"浙学"之列，

---

①全祖望：《宋元学案·士刘诸儒学案》，见沈善洪主编、吴光执行主编：《黄宗羲全集》第三册，浙江古籍出版社2005年版，第316页。

赞其"足以报先正拳拳浙学之意"。全祖望的"叙录"说明了三点：第一，他所说的"浙学"主要是指"浙东之学"，但也包括了"浙西之学"（如杭之吴存仁属浙西），其内部各派的学术渊源和为学宗旨不尽一致，但有共同特色；第二，他认为"浙东之学"与"浙西之学"的学术渊源，都与宋初大儒胡安定（瑗）在湖州讲学时形成的"湖学"相呼应。显然，在全祖望看来，安定"湖学"也属于"浙学"范围，而胡瑗湖学的根本宗旨就是"明体达用"；第三，"浙学"在当时的地位，堪与齐鲁之学、闽学、关学、蜀学相媲美，而且蔚为一大学统，对于宋、元学风有开创、启迪之功。

全祖望之后，乾嘉时代的浙东学者章学诚在《文史通义·浙东学术》中论述了"浙东之学"与"浙西之学"的异同，并分析了各自的学术渊源。他说：

> 浙东之学，虽出婺源，然自三袁之流，多宗江西陆氏，而通经服古，绝不空言德性，故不悖于朱子之教。至阳明王子，揭孟子之良知，复与朱子抵牾。蕺山刘氏，本良知而发明慎独，与朱子不合，亦不相诋也。梨洲黄氏，出蕺山刘氏之门，而开万氏弟兄经史之学；以至全氏祖望辈尚存其意，宗陆而不悖于朱者也。……世推顾亭林氏为开国儒宗，然自是浙西之学。不知同时有黄梨洲氏，出于浙东，虽与顾氏并峙，而上宗王、刘，下开二万，较之顾氏，源远而流长矣。顾氏宗朱，而黄氏宗陆。盖非讲学专家，各

持门户之见者，故互相推服，而不相非诋。学者不可无宗主，而必不可有门户；故浙东、浙西，道并行而不悖也。浙东贵专家，浙西尚博雅，各因其习而习也。……浙东之学，言性命者必究于史，此其所以卓也。

在章学诚看来，"浙东之学"与"浙西之学"的学术渊源及其学风虽有所不同，但都是儒家之学，其根本之道是可以并行不悖、互相兼容的。

如果说宋元学者眼中的"浙学"仅限于金华、温州地区的"婺学"与"永嘉、永康之学"的话，那么明末清初的黄宗羲、全祖望已经将"浙学"的地域延伸到宁波、绍兴等大浙东地区，而且所包含的学术流派也不限于"婺学"与"永嘉、永康之学"，而是包括了"庆历五先生"、"甬上四先生"（即所谓"明州学派"）以及姚江学派与蕺山学派。及至章学诚，他在《浙东学术》中强调"浙东、浙西，道并行而不悖"的特色，这实际上已是"大浙学"的观念了。

自章学诚以后，近现代以至当代的许多学者，从章炳麟、梁启超、钱穆、何炳松、陈训慈到陈荣捷、金毓黻、杜维运、何冠彪、詹海云，以及当代浙江籍的众多学者（如北京的方立天、陈来、张义德，上海的冯契、谭其骧、潘富恩、罗义俊、杨国荣，南京的洪焕椿，杭州的仓修良、王凤贤、吴光、董平、何俊，宁波的管敏义，金华的黄灵庚，温州的周梦江，等等），都发表过有影响的学术论著，从各个角度研讨、评论"浙学"

"浙东学派""浙东学术"的理论内涵、历史沿革、学术脉络、思想特色、根本精神、研究成果等问题，从而把对"浙学"的研究推向了一个"百花齐放，推陈出新"的新阶段。

那么，我们在当代应该如何定位"浙学"的思想内涵？我在上述《简论"浙学"的内涵及其基本精神》等文中，已经明确区分了"浙学"内涵的狭义、中义与广义之不同。

我认为，我们在总结浙江学术思想发展史时，必须对狭义、中义与广义的"浙学"分别加以系统的研究与整理，但站在当今建设浙江文化大省的立场上，则应采取广义的"浙学"概念，不但要对两浙经史之学作系统的研究，也要对浙江文学、艺术、科学、宗教等作系统的全方位的研究，而不应仅仅局限于"浙东学派"或"浙东史学"的视野。

如果从广义的"大浙学"视野观察与反思浙江的学术文化传统，那么显而易见的是，所谓"浙学"，是多个学派"和齐斟酌，多元互补，互相融通"而形成的一种地域性学术格局与学术传统，这个学术格局虽然异见纷呈，但也培养了共通的文化精神。

事实上，浙江这块土地虽有浙东、浙西之分，但仅仅一江之隔，从人文传统上无法将其截然分开或将两者对立起来。在浙江学术史上，浙东、浙西往往是你中有我、我中有你、关系密切、互相影响的。因此，我们在当代应当坚持"广义浙学"的研究方向。

（二）浙学的学派与人物

浙江在北宋以前，虽有名家（如王充、虞翻），但无学派。而自北宋以至民国，浙江大地名家辈出，学派林立，可谓盛矣。

1.北宋浙学

北宋浙学首推胡瑗与湖学。北宋初年，号称"宋初三先生"之一的安定先生胡瑗在湖州讲学，创立了"湖学"。

据《宋史·胡瑗传》记载，胡瑗以经术教授吴中（苏州），受到范仲淹的推荐，后教授湖州，教人有法，严守师弟子之礼。庆历中，兴太学，朝廷下湖州取其教学法树为典范。他在太学讲学，学舍至不能容。礼部所得士，瑗弟子十常居四五。《宋元学案·安定学案》"胡瑗"小传记载，胡瑗"以明体达用之学教诸生"，"始于苏、湖，终于太学。出其门者无虑数千余人"，其佼佼者如程颐、刘彝、范纯仁、钱公辅等，皆其太学弟子也。[①]

次推明州"庆历五先生"。杨适、杜醇、王致、王说、楼郁五子，以经史、实学为圭臬，传承发展儒学。

此外，二程弟子游酢在萧山，杨时在余杭、萧山从政期间也有讲学活动，故程颢有"吾道南矣"之叹。于是，以二程洛学为主的理学分别在浙西（杭州）、浙东（明州、永嘉）都有

---

①黄宗羲等：《宋元学案·安定学案》"胡瑗"小传，见沈善洪主编、吴光执行主编：《黄宗羲全集》第三册，浙江古籍出版社2005年版，第55—57页。

传播。

2.南宋浙学

以陈傅良、叶适为代表的永嘉学派，以陈亮为代表的永康学派，以吕祖谦为代表的金华婺学，以北山四先生何基、王柏、金履祥、许谦为代表的金华朱学，以浙东甬上四先生杨简、袁燮、舒璘、沈焕为代表的四明心学，形成南宋浙学之盛。

3.明代浙学——王阳明与姚江学派

王阳明一生活动足迹几乎遍及中国，其讲学活动也遍布大江南北，形成了姚江学派。姚江学派共有王门八派，其中浙中王门包括徐爱、钱德洪、王畿、季本、黄绾、董沄、陆澄等约20人。

4.明末刘宗周与蕺山学派

以明末大儒刘宗周为领袖的蕺山学派，其著名弟子有祁彪佳、张应鳌、刘汋、董瑒、黄宗羲、邵廷采、陈确、张履祥等35人。

5.黄宗羲与清代浙东经史学派

清代浙东经史学派的领袖人物是黄宗羲，其代表人物包括：以经学为主兼治史学的黄宗炎、万斯大，以史学为主兼治经学的万斯同、邵廷采、全祖望、章学诚，经史兼治而偏重文学的李邺嗣、郑梁、郑性，偏重历算的黄百家、陈訏、黄炳垕，偏重考据的邵晋涵、王梓材。

6.张履祥与清初浙西朱学

张履祥是刘宗周弟子，也是从蕺山学派分化而来的清初浙西朱学的领袖人物,其代表人物有吕留良、陆陇其等。

7.乾嘉考据学在浙江的展开

乾嘉考据学在浙江的代表主要是胡渭、姚际恒、杭世骏、严可均等,他们在文献辑佚、学术考辨方面各有贡献。

8.近现代浙学

近现代浙学名家辈出,有龚自珍、黄式三、黄以周、俞樾、孙诒让、章太炎、王国维、马一浮等经学家,他们在传承浙学人文传统、经典诠释与古籍整理方面各自作出了重要贡献。

四、浙学的基本精神与当代启示

在经历千百年的磨合过程中,浙学各派逐渐形成了一些共通的人文精神传统。这种人文精神是从王充到陈亮、叶适、吕祖谦、王阳明、黄宗羲、全祖望、章学诚以至近现代的龚自珍、章太炎、蔡元培、马一浮等著名浙江思想家都一致认同的文化精神。

那么,浙学的基本精神是什么呢?我曾在《简论"浙学"的内涵及其基本精神》一文中将它概括为"民本、求实、批判、兼容、创新"五个词、十个字,又在《论浙江的人文精神传统及其在现代化中的作用》一文中从五个方面概述了浙学人文精神的主要内容,即"一、'天人合一,万物一体'的整体和谐精神;二、'实事求是,破除迷信'的求实批判精神;三、'经世致用,以民为本'的实学精神;四、'四民同道,工商皆本'的人文精神;五、'教育优先、人才第一'的文化精神"。

我认为，在历代浙学家中，最能代表浙学基本精神的有五大家的五大名言。

一是王充的"实事疾妄"名言。"浙学开山祖"王充在回应人们对其写作《论衡》宗旨的疑问时说："《论衡》实事疾妄，无诽谤之辞"（见《论衡·对作篇》）。这充分体现了浙学坚持实事求是、反对各种虚妄迷信的务实批判精神。

二是叶适的"崇义养利"名言。叶适针对董仲舒名言"仁人者正其谊不谋其利，明其道不计其功"批判说："'仁人正谊不谋利，明道不计功'，此语初看极好，细看全疏阔。古人以利与人而不自居其功，故道义光明。后世儒者行仲舒之论，既无功利，则道义者乃无用之虚语尔。"①因此，叶适究心历史，称古圣人唐、虞、夏、商之世，能够"崇义以养利，隆礼以致力"②，是真正的"治道"。

三是王阳明的"知行合一"名言。王阳明说："知之真切笃实处即是行，行之明觉精察处即是知，知行工夫本不可离。……真知即所以为行，不行不足谓之知。"③这是王阳明"知行合一"说的基本论述。

四是黄宗羲的"经世应务"名言。黄宗羲主张"学必原本

---

① 叶适：《习学记言》卷二十三，上海古籍出版社1992年版，第201页。

② 杨士奇编：《历代名臣奏议》卷五十五引叶适《士学上》语。

③ 王阳明：《传习录中》，见王守仁撰、吴光等编校：《王阳明全集》上册，上海古籍出版社2012年版，第37页。

于经术而后不为蹈虚，必证明于史籍而后足以应务"①、"经术所以经世"②。在著名的《明夷待访录》中，黄宗羲明确提出了"天下为主，君为客"的命题，从而使其民本思想提升到了"主权在民"的民主启蒙高度，并影响到清末民初的民主启蒙运动。

五是蔡元培的"兼容并包"名言。浙学传统从王充以来，就有一种多元包容、兼收并蓄的思想特色。蔡元培从小就受到浙学传统的熏陶，在其思想深处就有一种多元包容的思想倾向。因此，他在辛亥革命后接掌北京大学校长时，提出了"思想自由，兼容并包"的办校方针，从而使北京大学成为包容多元、引领近现代思想解放潮流的新型教育阵地。

以上总结的五个词、十个字、五大精神、五大名言，就是我对浙学人文精神和历代"浙学大家"基本精神的概括性总结。在这一认识的基础上，我们进一步深入探讨浙学的当代价值与启示，也有五点值得借鉴发扬。

第一，浙学中"天人合一，万物一体"的整体和谐精神，启示我们要实现的中国式现代化必须是低碳、绿色、人与自然和谐相处的，而非将人与自然置于对立斗争地位的物本主义的

---

① 全祖望：《甬上证人书院记》，见全祖望原著、黄云眉选注：《鲒埼亭文集选注》，齐鲁书社1982年版，第347页。
② 全祖望：《梨洲先生神道碑文》，见全祖望原著、黄云眉选注：《鲒埼亭文集选注》，齐鲁书社1982年版，第105页。

二元对抗境地。所以，我们必须避免陷入"征服自然"式的斗争哲学思维。近年来，气候日益变暖，甚至出现40度以上的连续高温天气，使我们深切感受到气候变暖趋势的可怕与危害，也更促使我们要努力设法保持人与自然和谐相处的必要性与紧迫性。

第二，"以人为本，人民至上"的民本精神。这是以人民利益为最高利益的民本主义论述，是古越国"十年生聚，十年教训"从而由弱变强战胜强吴的法宝，也是在中国式现代化实践中经历40年艰苦奋斗，使资源贫乏的浙江成为经济大省的一大政策法宝，更是今后几十年建设共同富裕示范区的战略法宝，值得我们继承发扬光大。

第三，"自强自立，开拓创新"的创业精神。这尤其体现在温州人"敢为天下先"的创业精神以及义乌人建设小商品市场的创业开拓精神上。这一点一直是温州、义乌、宁波、龙游、湖州等地浙商的优良传统，值得发扬光大。

第四，"实事疾妄"的求实批判精神，这是浙学家留给我们的科学思维方法。浙学传统中，从王充到陈亮、叶适、王阳明、黄宗羲以至章太炎、马一浮，都是富有求实批判精神的大家。我们在实现新时代的中国式现代化、实现中华民族伟大复兴的实践中，尤其需要坚持实事求是、反对弄虚作假、批判各种不切实际的虚妄迷信。

第五，"多元和谐，兼容并包"的精神。改革开放以来的实践证明，坚持改革开放的基本国策，能让我们的社会主义现代化事业实现长足发展。可以说,"改革开放,多元包容",是我们不断从胜利走向新胜利的政策法宝。

上述五个方面构成一个有机的思想整体,在这个思想整体中,"万物一体"是我们的宇宙观,"以人为本"是制定政策的根本前提,是一切工作的出发点;"实事疾妄"是必须坚持的思想路线,是民族精神的脊梁;"开拓创新,多元包容"既是科学的思维方式,也是创业者必备的人文素质,是建设现代化新浙江的政策法宝。近40年来,我在多家报纸杂志和各种学术讲座中发表了多篇文章,论浙学文化观与科学发展观的关系。我认为,科学发展观的根本精神包含着三大要素:一是"以人为本"的人文精神,人是最重要的,一切为人民的根本利益着想,这是中国共产党人的根本出发点;二是"实事求是"的务实精神,在任何工作中都必须坚持"实事求是"的思想路线,才能做到无往不胜;三是"多元包容"的和谐精神,这是一种全面开放、深化改革、包容多元、追求和谐的精神,而不是一元的封闭主义。这也算是我论浙学的一得之见吧。

上述五点启示在根本上体现了浙学的人文精神传统。这个精神传统落实到社会实践中,就转化为"改天换地、建功立业"的巨大物质力量。浙江人民在现代化建设中之所以能取得伟大成就,与浙江的历史文化、思想传统是密不可分的。现在的社会主义现代化是一项前人未曾从事过的伟大事业,不仅吸收了中华优秀传统文化的精华,也吸收了全人类优秀文化的精华。我们在建设人文浙江、和谐浙江、现代浙江的过程中,必须充分发掘浙江人文思想的深厚资源，同时面向全世界，坚持多元和谐发展，真正提供服务于中华民族伟大复兴的文化软实力。

综上所述，浙学作为一种富有特色、充满活力的地域文化形态，是中华文化大厦的重要组成部分，她不但在历史上促进了社会文明进步，而且在当代中国现代化的实践中，仍然具有强大的精神感召力和实践推动力。我们应当倍加珍惜这份资源，并使之发扬光大，日臻完善。

2024 年 9 月 3 日草成于杭州

目　录

自　序

　　南宋前期，是浙江学术的鼎盛时期。其中最能代表孔门正传又能体现浙学特色的，当数称"中原文献之统"的儒学大家东莱吕祖谦。在全国范围内，他与紫阳朱熹、南轩张栻并称"东南三贤"；他所创建的婺学又与朱熹的闽学、象山陆九渊的金溪之学形成鼎足之势，号称当时的三大学派。而在浙江境内，则与龙川陈亮的永康之学、以水心叶适为代表的永嘉之学互相交流，共同奠定了浙江学术的基础，体现了浙学求真务实、经世致用的本色。

　　鄙意窃谓，当时学派林立，独有东莱之学悉得孔门之正传。或曰：当时旷世大儒接踵而出，不正是都在尽心传承和大力弘扬儒学吗？答曰：诚然，当时的众多学派，传承儒学自然都有其独到之功且能各具特色，但也难免颇有偏激之处；其中独有东莱之学深合执中之道而无所偏颇。他既不赞同朱陆排斥功利之说，尤其反对陆氏不重读书之弊，但也不赞同永康、永嘉偏重功利之学；然而他无论对朱子之格物致知、陆氏之明心自悟、龙川之王霸事功、水心之经制功利之学皆有所吸取，内圣与外王并重，和而不同以会归于一，平平荡荡而悉得王道中正之义，这是其余大儒所不能企及的。清儒谢山全氏曰："小东莱之学，平心易气，不欲逞口舌以与诸公角，大约在陶铸同类，以渐化其偏，宰相之量也。"①可见全氏也认为"诸公"皆或有所偏，而东莱则意在"渐化其偏"而使之归乎中道。旨在渐化"诸公"之偏以归乎中道，岂非独得儒学之正传乎！

全氏又曰："乾淳之际，婺学最盛，东莱兄弟以性命之学起，同甫以事功之学起，而说斋则为经制之学。考当时之为经制者，无若永嘉诸子，其于东莱、同甫皆互相讨论，臭味契合，东莱尤能并包一切。"②全氏这段话，既突出了包括同甫、说斋在内的"婺学"在当时的重要地位，而在浙江范围内，又确认了东莱"并包一切"的宽宏度量。因而可以说，最能代表浙江学术之特色的，自然非东莱莫属。

然而，朱子曾谓"伯恭日前只向杂博处用功"③，此语倒确实道中了东莱之学未能达到纯然无疵之处。对此，东莱在《与周丞相》书中有云："意欲及筋骸尚未衰惫，考治训诂，极意翻阅，至五十以后乃稍稍趋约，庶几不至躐等也。"④这说明，东莱本来打算在五十岁之前以博学为主，扎扎实实地打好基础，这也正是朱子所言"只向杂博处用功"的时候。然而朱子可能

---

① 《黄宗羲全集》第五册，沈善洪主编、吴光执行主编，浙江古籍出版社2005年版，第5页。

② 《黄宗羲全集》第五册，第357页。

③ 《黄宗羲全集》第五册，第33页。

④ 《吕祖谦全集》第一册，黄灵庚、吴战垒主编，浙江古籍出版社2008年版，第444页。

不知道东莱准备要到五十岁以后才进一步从事由博返约的计划，而这确实是一种严谨而务实的治学方法，只可惜他未到五十岁就去世了，还远远未曾达到他所能达到的高度。我们不妨推想一下：假如东莱能有朱子一样的年寿，在五十岁前的五年时间再进一步博览群书，用五十岁以后的二十多年时间进行由博返约的工夫，建立起全面而系统的思想体系，其成就当不亚于朱子。这并非鄙人的管见，其实全谢山亦有相同看法。他说："朱、张、吕三贤，同德同业，未易轩轾。张、吕早卒，未见其止，故集大成者归朱耳。"①这是说，"东南三贤"德业相同，很难分出高低，只因张、吕早卒，未能看到他们最后的成就，所以"集大成"的任务才落到朱子身上。言外之意，假如张、吕二贤有寿，"集大成"之重任由谁承担尚不得而知。不过鄙人窃谓，以东莱兼容众说的胸怀，谁最适合"集大成"的人选当不难想见。然而天妒贤才，见其进而未见其止，惜哉！

岁次甲辰仲夏之月（2024年6月）

徐儒宗识于杭州府苑寓舍

---

① 《黄宗羲全集》第五册，第36页。

吕祖谦

孔子开创的中华主体文化儒学，经由汉唐经学家的详备训解，至北宋又有周敦颐、张载、二程（程颐、程颢）诸大儒的继承和发挥，从而发展成为致广大而尽精微的道学。到南宋时期，道学又发展为朱熹的闽学、吕祖谦的婺学与陆九渊的金溪之学三家鼎立之局。清儒全谢山云："宋乾、淳以后，学派分而为三：朱学也，吕学也，陆学也。三家同时，皆不甚合。朱学以格物致知，陆学以明心，吕学则兼取其长，而复以中原文献之统润色之。门庭径路虽别，要其归宿于圣人则一也。"①基乎此，本书对于其中能"兼取其长"而得"中原文献之统"的浙江婺学的开创者吕祖谦，试予专门的阐述。

---

① 《黄宗羲全集》第五册，第7页。

吕祖谦作为浙学大家，既号称最得"中原文献之统"，又最足以代表浙江学术的风格特色。考其学术渊源，实得益于家学传承。其家既为宋代仕宦显族，又系文献世家，经学的道统与济世安民的功业相得益彰，内圣的修养与外王的抱负融合为一，故最得孔门儒学之正传。

一、仕宦显族

吕祖谦（1137—1181），字伯恭，因其祖籍为莱州，故世称东莱先生，谥成公，浙江金华人。

莱州（今山东省烟台市属莱州市），《禹贡》青州之属，古莱夷之地，春秋时为莱国。齐侯迁莱子于郳，位国之东，故曰"东莱"。秦属齐郡，汉始析置东莱郡。吕祖谦与其伯祖吕本中皆号"东莱"，志不忘祖地也。世人因称吕本中为"大东莱先生"，而称吕祖谦为"小东莱先生"以区别之。然而吕祖谦的学术成就较之其伯祖更为宏大，故后世所称"东莱先生"，一般都是指吕祖谦，故本书对于吕祖谦之讳，亦以"东莱"尊称之。

东莱开创的学派之所以被称为"婺学"，是因为其曾祖吕好问携家随宋室南渡，定居于婺州，住所在婺城西南隅的长仙门内向西十数步的光孝观之侧，故东莱本身乃婺州人氏。婺州（今浙江省金华市），古属姑蔑国，春秋属越，楚灭越又归楚。秦始皇二十五年（前222）置会稽郡，婺州之地又属之。东汉末年，中原干戈不休，大量人口南渡，婺州地区的经济和文化开始迅猛发展。东吴宝鼎元年（266），始分会稽西部置东阳郡，因郡治在瀫水之东、金华山之阳而以为名，领县九，是为婺州独立建郡之始。南朝梁改称金华郡。隋朝因其地属婺宿分野，乃始称婺州。南宋定都临安（今浙江省杭州市），婺州地近京畿，人口、经济和文化又得到了一次长足的发展。

婺州在地理位置上属浙东地区，境内多佳山丽水，风景名胜，而其间居民则以淳厚聪慧著称。故东莱所开创的婺学，既得"中原文献之统"为渊源，又得婺州山水名胜和淳风美俗的优良环境之培植，从而发展成为一个独树一帜的重要学派。而追溯其渊源，就不得不归宗于东莱的源远流长、博大深厚的家学传统。

东莱出身于累世业儒的官宦之家。其十一世之祖吕韬，仕唐，官河北道莫州州治莫县（今河北省任丘市）主簿，后赠太保。生子梦奇。

十世祖吕梦奇，仕五代后唐，累官至户部侍郎，后赠太保。二子：龟图、龟祥。

九世伯祖吕龟图，仕五代后周为起居郎，赠尚书令。始从祖籍莱州徙家河南洛阳。二子：蒙正、蒙休。

九世祖吕龟祥，宋太宗太平兴国二年（977）进士，与其兄长子蒙正同科。历殿中丞，出知寿州（州治下蔡县，今安徽省淮南市凤台县），惠政及民，民爱留之，不忍舍去，遂从祖籍莱州徙家而居。于是吕氏始分洛阳与寿州二支。三子：蒙亨、蒙巽、蒙周，皆位居显宦。

八世从伯祖吕蒙正（944—1011），字圣功，太平兴国二年（977）进士第一名。历太宗、真宗两朝，三居相位，为有宋一代名相。《宋史》本传云："蒙正质厚宽简，有重望，以正道自持。遇事敢言，每论时政，有未允者，必固称不可，上嘉其无隐。"①授太子太师，封莱国公，改封徐，复封许，谥文穆。生七子，皆位居显宦。

八世祖吕蒙亨，宋太宗雍熙二年（985）进士，获礼部高等，但因从兄蒙正为参知政事，故报罢。乃历任其所居之地下蔡县以及武平县（今属福建省龙岩市）主簿。太宗至道（995—997）初，考课州县官，以其引对文学、政事俱为优等，遂命为光禄寺丞，后改大理寺丞。二子：夷简、宗简。

七世祖吕夷简（974—1044），字坦夫。幼时，伯父蒙正致仕家居，真宗幸第，询蒙正诸子孰可用，蒙正对曰："诸子皆豚犬，有侄夷简，宰相才也。"长而进士及第，历真宗、仁宗两

① 《宋史》卷二百六十五。

朝，三度入相，当国柄最久，堪称名相。入为朝官后，自寿州下蔡徙居京师开封。四子：公绰、公弼、公著、公孺，皆位居显宦。

六世祖吕公著（1018—1089），字晦叔。自幼嗜学，废寝忘食。父夷简异之，曰："此子，公辅器也。"登进士第，通判颍州（今安徽省阜阳市），时欧阳修为知州，遂为讲学之友。哲宗时加尚书左丞，继入相，与司马光同心辅政。司马光卒，独当国政。加司空，平章军国重事。宋立国以还，宰相以三公平章重事者凡四人，而公著与其父夷简均在其列，居其数之半。赠太师、申国公，谥正献。御书碑首曰"纯诚厚德"。三子：希哲、希绩、希纯，皆位居显宦。

高祖吕希哲（约1037—1114），字原明，公著长子，学者称荥阳先生。以荫入官，绝意科举，终父之丧，始为兵部员外郎。宋哲宗元祐（1086—1094）中为崇政殿说书，导帝以正心诚意为本。绍圣党论起，以秘阁校理出知怀州（今河南省沁阳市）等地。宋徽宗即位，召为秘书少监，继以直秘阁知曹州（今山东省菏泽市）。不久遭崇宁党祸，夺职知相州（今河南省安阳市），迁邢州（今河北省邢台市），罢为宫祠。流寓淮、泗间十余年而卒。二子：好问、切问。

曾祖吕好问（1064—1131），字舜徒。靖康元年（1126），以荐召为左司谏、谏议大夫，擢御史中丞，数建大义。又疏蔡京过恶，乞投海外。及金人入寇，委曲以成中兴之业。建炎元年（1127），除尚书右丞。后以资政殿学士知宣州（今安徽省宣城市），提举洞霄宫，以恩封东莱郡侯。吕氏自好问起，从北宋都城开封携全家随宋室南迁，定居于婺州。五子：本中、揆中、弸中、用中、忱中，皆位居显宦。

伯祖吕本中（1084—1145），字居仁，学者称东莱先生。后因侄孙祖谦亦号"东莱"，故学界称"大东莱先生"以示区别。历任至枢密院编修官，擢起居舍人兼权中书舍人。曾与秦桧同为郎官，相得甚欢，后因屡陈大义，而桧不以为然。又力劝桧不可汲用亲党，桧私有引用，本中即封还除目。桧大怒，风御史萧振劾罢之。本中乃引疾乞祠，后召为太常少卿，兼权直学士院。赐谥文清。

祖父吕弸中（？—1146），字仁武。累官驾部员外郎，终于右朝请郎，主管台州崇道观。四子：大器、大伦、大猷、大同。

父吕大器（？—1172），字治先。累官尚书仓部郎。配曾氏（？—1166），乃名儒曾几之女。二子：祖谦、祖俭。

纵观吕氏家族，从北宋开国到南渡，代多显宦，连绵不绝，可谓是与赵宋皇室同休戚、共存亡的独一无二的世家显族。这一家族环境，培养了东莱对于赵宋朝廷的高度企望和深厚感情，从而造就了他忠于宋室的政治思想，加深了其对于艰难时局的忧患意识。

二、文献世家

吕氏家族不仅是宋代罕有其匹的仕宦显族，而且更是奕世相传的得"中原文献之统"的文献世家。全谢山《劄记》云：

"吕正献公家，登《学案》者七世十七人。"①吕正献公就是东莱的六世祖吕公著。从吕公著到东莱之子吕延年共七世，共有十七人被列入《宋元学案》，其中为东莱的高祖吕希哲专列《荥阳学案》，伯祖吕本中专列《紫微学案》，东莱本人专列《东莱学案》，其余还有十多人则分列于有关《学案》之中。这样名儒辈出、世代相传的家族，在整部《宋元学案》中也是独一无二的。兹将吕氏前辈的学术渊源试予简述。

东莱七世祖吕夷简，博通经史，善于诗文，著有《文集》二十卷，传于世。长子公绰亦著有《文集》二十卷，藏于家。公绰之第三子希道，亦有《文集》二十卷，传于世。

六世祖吕公著，治学善于博取众家之长，惟求其所至善，有《正献公集》二十卷。他与欧阳修为讲学之友，后欧阳修使契丹，契丹主询问中国学行之士，修首以公著对。又与司马光长期同辅朝政，既是同僚，又是论学之同调。本来，公著与王安石善，相与问学论道，共相切磋，至为莫逆，安石以兄事之，后因政议不合而交情不终。既而独当国政，其时科举专用王氏经义，且杂以释氏之说。公著始令主司毋以老、庄书出题，举子不得以申、韩、佛书为学，经义参用古今诸儒之说，不得专取王氏，并恢复贤良方正科。公著虽长期从政，但一生不废讲学，且门生众多，而讲学即以治心养性为本。尤其是他的治学态度，开启了吕氏博取众长的学风，影响极其深远。

---

① 《黄宗羲全集》第四册，第11页。

　　高祖吕希哲，与弟希绩、希纯，少时皆不名一师。初学于焦千之（焦为欧阳修高弟，公著延至馆中而使诸子师事之），继从胡瑗、孙复、石介诸师学。又同学于邵雍，故雍之子伯温与之交游甚厚。亦尝学于李觏、王安石，长而遍交当世之学者。希哲本与程颐俱事胡瑗，在太学并舍，年龄相仿。其后心服程颐学问，首师事之，乃从程颢、程颐、张载诸哲游。可见兼容诸家之学，确为吕氏的优良传统。闲居日读《易》一爻，遍考古今诸儒之说，默坐沉思，随事解释。晚岁名益隆，远近皆师尊之。著有《吕氏杂记》二卷，率多名言。

　　曾祖吕好问，与其弟切问，严事李潜、田述古、田腴诸先生。李潜博通诸经，其学简而易明，以行己为本，不以空言。田述古乃胡瑗高弟，又从司马光、邵雍、二程诸先生游，兼通诸家，一生以穷经讲学为业。田腴从张载学，学问贯通，造诣甚深，尤不喜佛学，力诋轮回之说。三人相与友善，故好问兄弟皆从之游，并兼传其学。

　　伯祖吕本中，自少即闻父祖至论，又从游酢、杨时、尹焞游，而于尹焞为最久。而游、杨、尹三人均为二程入室高弟。复造刘安世、陈瓘、王苹之门请益。刘安世是司马光门生，陈瓘是刘安世的同调之友，而王苹则是程门的高弟。本中尝言："德无常师，主善为师，此论最要。"其学以穷理尽性为本，卓然高远，不可企及。又善于诗，深得黄庭坚、陈师道句法。一生讲学，门人殊众，其尤著者就有林之奇、李楠、李樗、汪应辰、王时敏、章宪、章惣、周宪、王师愈、曾季狸、方畴、方丰之等，在当时学术界有其巨大影响。其中林之奇、汪应辰即为小东莱受业之师，即此可见其一脉相承的家学渊源。著有《春秋集解》十卷，《西垣童蒙训》三卷，《师友渊源录》五卷，《东莱诗集》二十卷，以及《紫微杂说》《紫微诗话》《舍人官箴》等。其《童蒙训》云："学问当以《孝经》《论语》《中庸》《大学》《孟子》为本，熟味详究，然后通求之《诗》《书》《易》《春秋》，必有得也。既自做得主张，则诸子百家长处，皆为我用。"全祖望评云："大东莱为荥阳冢嫡，其不名一师，亦家风也。"又云："愚以为先生之家学，在多识前言往行以畜其德。盖自正献以来，所传如此。原明再传而为先生，虽历登杨、游、尹之门，而所守者世传也。先生再传而为伯恭，其所守者亦世传也。故中原文献之传，犹归吕氏，其余大儒弗及也。故愚别为立一学案，以上绍原明，下启伯恭焉。"又云："紫微之学，本之家庭，而遍叩游、杨、尹诸老之门，亦尝及见元城。多识前言往行以畜德，成公之先河，实自此出。"①

祖父吕弸中，尝从其兄本中游于尹焞之门，并曾手抄其兄《西垣童蒙训》文稿，悉得家学之传。

父吕大器，与弟大伦、大猷、大同，共筑豹隐堂以讲学。汪应辰称之，谓"其所讲释者，莫非前言往行之要，盖皆有得于家学者也"②。而大器又为当世名儒曾几之婿，从而师事之，

---

①上引均见《黄宗羲全集》第四册，第516—527页。

②《黄宗羲全集》第四册，第529页。

故又兼得其传。

纵观吕氏家学，可以归纳为两大特色。其一，善于博取诸家之学，对于北宋时期各家大儒，诸如胡瑗、孙复、石介、欧阳修、李觏、司马光、王安石、刘安世，尤其是邵雍、张载、二程以及游酢、杨时、尹焞等各家的学说，莫不兼收并蓄而取其长，使之融会贯通地容纳于自己的学说之中，而成为含宏博大的一家之学。其二，善于"多识前言往行以畜其德"，亦即重视先儒文献的收集整理，故全祖望评为"中原文献之传，犹归吕氏，其余大儒弗及也"。这两大特色都给予东莱以巨大的影响，因而在其一生的学术成就中充分地体现出来。

三、儒学正传

南宋时期，是学术争鸣极其活跃的时期。纵观当时的争论问题，无非是在两个层面上展开：第一个层面，是关于人生修养上的"尊德性"与"道问学"的争论，辩论的焦点在于"发明本心"与"格物致知"何者为先，也就是在"内圣"范围内"德性"与"知识"何者为重的争论；第二个层面，则是关于人生目标上的"性理"与"事功"的争论，辩论的焦点在于道德与功业何者为圣王之正道，也就是"内圣"与"外王"何者为人生最高目标的争论。其实，无论在哪个层面上，如若偏重一端而轻视另一端，从而导致事物失去应有的平衡，都是有违儒家中庸之道的原则的；只有两端兼重而处得其宜，从而使之合乎事理之"中"，才是符合儒家之精神的。在先秦的原始儒学中，不仅在人生修养论上德性与知识并重，而且在"内圣"与"外王"之间也是高度统一的。

《中庸》强调"君子尊德性而道问学"，明确地把道德修养和知识修养两者加以统一。孔子一生既重道德，也重知识。他说："君子博学于文，约之以礼。"[①]"文"指文献和文化，"礼"是道德规范。他还常常将"仁"与"知"并举而言，"知（智）"包括知识和智慧，"仁"与"知"并举也是道德和知识并重之意。他还说："好仁不好学，其蔽也愚；好知不好学，其蔽也荡；好信不好学，其蔽也贼；好直不好学，其蔽也绞；好勇不好学，其蔽也乱；好刚不好学，其蔽也狂。"[②]本来，好仁、好知、好信、好直、好勇、好刚都是美好的德性，但若不好学，就会出现流弊。《易传》以"进德"与"修业"并举，"业"指学业，也兼指事业和功业。《大学》则把格物、致知作为诚意、正心之先务。《中庸》把"诚"作为修德之本，而又强调博学、审问、慎思、明辨，并将"尊德性"与"道问学"统一于"笃行"之中。孟子最重道德，也兼重知识；荀子最重知识，也兼重道德。在他们那里，道德和知识完全是相济相成的关系，两者之间是高度统一的。

"内圣"是内在的道德修养，"外王"是外在的济世安民事业。儒家的中庸之道强调以内在的道德修养为本，然后将其扩

---

① 《论语·雍也》。

② 《论语·阳货》。

充贯彻于济世安民的经世事业之中，以达到两者的高度统一。《中庸》一书，主张以"诚"为修养道德的最根本的素质，在"诚"的基础上培养起知、仁、勇三种"达德"。然而，"诚者，非自成己而已也，所以成物也"。所以，必须用这三种达德去正确处理君臣、父子、夫妇、昆弟、朋友五类最基本的人伦关系，以达到全社会的协调和谐。若从政治上说，就是运用知、仁、勇三种道德去实行治天下之"九经"："凡为天下国家有九经，曰：修身也，尊贤也，亲亲也，敬大臣也，体群臣也，子庶民也，来百工也，柔远人也，怀诸侯也。"作为"诚"和"知、仁、勇"等道德才智修养，既内在地贯彻于"修身"之中，又外在地贯串于其他八项治国条目之中，达到了"内圣"与"外王"的统一。故曰："合外内之道也，故时措之宜也。"故历代圣贤都主张通过道德和知识修养来实现济世安民的目标。诸如：帝尧以"克明俊德"为本，最后达到"协和万邦"之效，孔子主张"修己以安百姓"，孟子从"养吾浩然之气"到以"仁义平治天下"，《大学》以格物、致知、诚意、正心为本，而以治国、平天下为目标，等等，无不高度体现了"内圣"与"外王"之统一。

宋代，周、张、二程等大儒继起，他们作为旷世师儒，对于德性和知识仍然是并重的。如程颐所谓"涵养须用敬，进学则在致知"①；"识道以智为先，入道以敬为本"②，显然就是"尊德性"与"道问学"并重之意。而在"内圣"与"外王"的关系上，由于客观环境没有给予他们以济世安民、建功立业的机会，因而他们只能在讲学和著述中开拓圣贤之道，似乎他们都有重"内圣"而轻"外王"的倾向；但在实际上，他们对于"内圣"与"外王"仍然是并重的。如程颐曾多次上书历陈当时弊政并提议改革之道，这就是注重"外王"之明证。学者也许都会认为像伊川这样以正道自诩的理学家，虽优于治国而必拙于战争，其实不然。有人问："用兵，掩其不备、出其不意之事，使王者之师，当如此否？"伊川答道："固是。用兵须要胜，不成要败？既要胜，须求所以胜之之道。""且如两军相向，必择地可攻处攻之，右实则攻左，左实则攻右，不成道我不用计也？且如汉、楚既约分鸿沟，乃复还袭之，此则不可。如韩信囊沙壅水之类，何害？他师众非我敌，决水，使他一半不得渡，自合如此，有甚不得处？"③伊川从"兵者诡道"的观点出发，认为在战阵上，凡运用足以取胜的计策都不害于义，不过像楚、汉那样既经谈判之后，汉王不守信用而偷袭之则是不应该的。他的这一观点，既符合用兵权变之机，又不违乎正道。又据载，他曾移书河东帅曰："公莅镇之初，金言交至，必曰'虏既再犯河外，不复来也，可高枕矣'。此特常言，未知奇

①《程氏遗书》卷十八。

②《程氏粹言·论学》。

③《程氏遗书》卷十八。

胜之道也。夫攻必取者，攻其所不守也；谓其不来，乃其所以来也。故为今之计，宁捐力于不用，毋惜功而致悔。岂独使敌人知我有备而不来，当使内地人信吾可恃而愿往，则数年之内，遂致全实，疆场安矣。此长久之策也。"①由是观之，伊川深明疆场战守应变之机，正体现了他看重事功的务实精神。

　　然而，作为累世执掌国政的吕氏诸公而言，他们必须既重道德，又重知识，以加深其"内圣"的修养；而且还必须把道德和知识融合到治国安民的"外王"事业中去。例如：东莱的八世从伯祖吕蒙正在宋太宗时为相，太宗于上元观灯时看到京师繁盛，正在自鸣得意，蒙正避席说道："乘舆所在，士庶走集，故繁盛如此；臣尝见都城外不数里处，饥寒而死者甚众，愿陛下亲近以及远，苍生之幸也。"他的这一举动，不仅体现了他不顾得罪皇帝、不计个人得失的道德品质，而且更体现了他以百姓为重的济世安民的抱负。七世祖吕夷简为相，史家评论道："自庄献太后临朝，十余年间，天下晏然，夷简之力为多。及西夏用师，契丹求地，夷简选将命使，二边以宁。……其于天下之事，屈伸舒卷，动有操术，故当国最久。"可见他在为相期间，也立有不小的功业。

　　东莱的六世祖吕公著，立身谨于言行，平居无疾言厉色，淡声利，泊纷华，简重清静；识虑深敏，量闳而学粹，不以私利害动其心；与人交，必至诚，每事持重近厚；然去就之际，

---

① 《程氏粹言·论政》。

极其介洁，其在朝廷，小不合，便脱然无留意，故历事四朝，无一年不自列求去。而且讲说精要，言简意赅。故司马光曰："每闻晦叔言，便觉己说为烦。"显然是一位德高学博的纯儒形象。而他在为官期间，能深谋远虑，遇事果决。哲宗即位之初，公著为侍读，即进言："人君初即位，当修德以安百姓。修德之要，莫先于学。"他首先就把"学"与"修德""安百姓"联系起来。及为相，即上言列陈畏天、爱民、修身、讲学、任贤、纳谏、薄敛、省刑、去奢、无逸等"十事"。又尝向神宗进言："尧舜惟以知人、安民为难，所以为尧舜也。"所以他经常上奏百姓困苦之状。神宗曾慨叹道："边民疲弊如此，独吕公著为朕言之耳。"公著独当国政，任官授吏皆一时之选。可见他一直以尧舜的"知人""安民"作为自己为相期间的重大责任。

曾祖吕好问处于北宋末期的危急存亡之秋，更以忍辱负重的精神，重延了赵宋的社稷。靖康元年（1126），金兵犯城，宋许割三镇之地以求和，金兵方退。当时身任御史中丞的吕好问即向钦宗进言："金人得志，益轻中国，秋冬必倾国复来，御敌之备，当速讲求。"然而钦宗竟置而不听。后来果不出好问所料，到十月间，金兵复至。大臣不知所出，遣使讲和。金人佯许而攻略不止，而诸将则以和议之故，皆闭壁不出。好问进言道："所谓讲和不进兵者，彼当顿兵境上不敢相侵，然后朝廷亦勿进兵可也。彼既欲和而攻我不已，今日破一城，明日破一县，朝廷犹执议和之说，不谋进兵遣将，臣恐比至得和，河北诸城遍被其害矣。今日之计，和与不和皆当为备。"好问又上疏，请亟集沧、滑、邢、相四州之戍，以作抵抗；而列勤王之师于畿邑，以卫京城。疏入，不理。及金人陷真定，攻中山，上下震惊，廷臣狐疑相顾，犹以和议为辞。好问即挺身而出，率台属劾大臣畏懦误国之罪，然而竟被贬谪出知袁州。靖康二年，金兵攻破京城，立张邦昌为楚帝，虏二帝及后妃、太子、宗戚、百官等共三千余人北去，京师为之一空；张邦昌亦正在做安享皇帝之美梦。际此危亡的紧急关头，好问说张邦昌道："相公知中国人情所向乎？特畏女真兵威尔。女真既去，能保如今日乎？今大元帅康王在外，元祐皇后在内，此殆天意，何不早日归还国政，尚可转祸为福。而且禁中非人臣所居之地，理宜寓直殿庐，车驾未还，下文书不当称'圣旨'。为今之计，当迎元祐皇后，请康王早正大位，方可保全。"又说："现在天命人心，皆归康王，相公先遣人推戴，则功无在相公右者；若抚机不发，他人声罪致讨，悔之何及？"他一面又暗中使人送信给康王，力请康王急宜早正大位："大王不自立，恐有不当立而立者。"就在吕好问从中委曲周旋之下，康王终于得以在南京即位，建立南宋，就是史称宋代中兴之主的宋高宗。元祐太后派遣好问奉手书赴南京朝见高宗，高宗慰劳道："宗庙获全，卿之力也。"除尚书右丞。后来宰相李纲认为群臣在围城中时不能保持臣节，欲悉加治罪。好问进言道："王业艰难，政宜含垢之时，假若突然尽皆绳以峻法，惧者众矣。当时群臣被困于围城之中，若责以不能死节犹可，若都治以叛逆之罪，恐怕是过重了。"李纲乃止。吕好问在靖康之难中，能含垢忍耻以就大计，后来有人以其曾任张邦昌时的伪官为病，而胡安国则为之辩解道："舜徒在围城中，遣人以蜡丸致元帅。盖累朝辅相，身为世臣，同国休戚，必欲复赵氏社稷，故偷生忍死伪楚之朝，斡正大事。诱导邦昌使之归宰相班，劝进元帅，皆其力也。……使舜徒死节，第洁一身耳，以此易彼，故宁受污辱以救大事。"可谓深知好问之苦衷。

由是观之，吕氏家学之所谓独得"中原文献之传"，在于其不仅兼重道德和知识，而且也兼重道德和事功。这一家传的学风，无疑给予东莱以巨大的影响。

在南宋时期的各学派中，无论是朱学、陆学乃至永康、永嘉的事功之学，都难免有其一定程度的偏激之处，或多或少地偏离了先秦儒家的中庸之道。唯有东莱所创建的婺学，能以求真务实为依归，主张经史并重，文道并重，道德与知识并重，性理与事功并重；总而言之，就是主张"内圣"与"外王"的高度统一而独得儒学之正传。正因为如此，其他各学派之间，都不免于互相争论甚至攻讦；独有东莱的婺学，能根据"道并行而不相悖""天下殊途而同归"的宗旨，以求同存异、"和而不同"为原则，与各学派之间和谐相处，并以宽宏兼容的雅量与各学派之间进行正常的交流，以推动传统儒学的正常发展。东莱婺学的这一精神，与其所承传的家学渊源显然是分不开的。

东莱作为历史名人，是以思想敏锐和学识宏富的思想家著称于世。他一生的事迹主要是从师受业、书院讲学、出仕从政、青灯著述和师友交流。所以，学问的积累和思想的发展乃成为其一生事业的脉络。

一、从师受业

宋高宗绍兴七年（1137），岁次丁巳，仲春二月十有七日，正当春光明媚，东风送暖，花木万物蕴含着一片生机之时，婺学创始人小东莱先生吕祖谦出生于桂林城的广西转运使的官邸之中。因为当时吕祖谦的外祖父曾茶山正任广西转运使，仓部公吕大器夫妇亦随任居于桂林甥馆，所以，他就在桂林出生了。到次年二月，曾茶山因向朝廷进陈恢复大计，为秦桧所恶，去官而归。仓部公也就带着曾夫人和襁褓中的吕祖谦回到婺州。

吕祖谦长成五六岁时，仓部公夫妇就专心一意地以培养他为事，并把继承家学、保持家声的期望也寄托在他身上。曾夫人本是世代书香门第的大家闺秀，自幼精通诗书翰墨，自然承担起了启蒙教育的主要责任。是时，仓部公与弟大伦、大猷、大同共同在住舍西南附近的"豹隐堂"开堂讲学，吕祖谦也经常随父前来听讲。

未几，在京中官居中书舍人、兼权直学士院的大东莱先生吕本中因年老致仕回家。除了与四个侄儿讲道论学而外，就是教导侄孙吕祖谦攻读诗书。所以大东莱的学问给予小东莱的影响至为巨大。

绍兴十五年（1145），吕祖谦九岁时，吕本中病卒。官居驾部员外郎的亲祖父吕弸中，得知长兄去世的消息，也毅然致仕归家，自然接替了大东莱教育孙子的任务。次年，驾部公病卒，吕祖谦又失去了祖父的教育。

吕祖谦童年即深受严格的家教。既有父母和伯祖、祖父的悉心教导，又受叔父大伦、大猷、大同的熏陶，所以自幼即已接受了深厚的家学传统，故在年轻时即已树立起要成为当代大儒之志。

据载，吕祖谦少年时代脾气极其褊激暴躁，与人相处，稍有不合就要动怒，而且往往自以为是，只知苛责别人，因而常常与人争辩吵架，使得父母也经常为此而操心。后因病中读《论语》，至"躬自厚而薄责于人"一语，若有所悟，乃随时以这句话警诫自己，终于改变了自己的性格。遂终身无暴怒，修养成为和平宽厚的品德。

　　绍兴十八年四月，吕祖谦十二岁，朝廷忽来诏命，因祖父驾部公致仕去世，恩补吕祖谦为将仕郎之职。

　　与此同时，吕祖谦又曾受学于白水刘勉之之门。刘勉之，字致中，号白水，建州崇安（今福建省崇安县）人。白水除了师事杨龟山上承二程洛学而外，更有取于横渠张载，又问学于谯定、刘安世；而其象数《易》学则远承郭载，近本谯定和朱震，而谯定实为伊川的入室弟子。这些理学大师的思想，都通过白水而传给了东莱。尤其在诗文方面，白水主张以陶、柳为学诗门径，而又擅长辞赋。这就造就了东莱兼精诗赋的根柢和文道并重的治学观念。

　　绍兴二十五年春，仓部公调任福建提刑司干官，吕祖谦随父来到福州任所。仓部公即命其从学于林之奇先生。林之奇（1112—1177），字少颖，又字拙斋，福建侯官（即今福州市）人，福州别称"三山"，故学者称其为三山先生。林三山实为东莱的伯祖吕本中之高弟。林氏的《尚书》学在南渡之初推为第一。所作《尚书全解》，朱子认为在解说上有过于伊川之处。其治学曾谓："疑字、悔字，皆进学门户，学者须是疑是悔，于道方有所入。"①这一观点为东莱所接受，且有更多的阐述。在时人眼中，东莱的学问较之林三山业已高出一筹，故有"出蓝"之誉。

　　次年，东莱应福建转运司进士考试，被举为首选。适值林

---

① 《黄宗羲全集》第四册，第531页。

三山也由长汀尉被荐，入京为秘书省正字，师生二人乃于十一月同赴临安。十二月，东莱办完事务回到福州。刚好朱子携家由同安北归经过福州，由于东莱之父仓部公同朱子之父韦斋朱松相知，故朱子早就以"契旧"得识仓部公，因此顺便前来拜谒。于是，年方二十岁的东莱与二十七岁的朱子初次见面相识，并成为莫逆之交。

此后，仓部公又使东莱赴籍溪向胡宪先生受学。胡宪（1086—1162），字原仲，建州崇安（今福建省崇安县）人。他是程门私淑弟子胡安国的从子，故长期从胡安国学，会悟程氏之说。在胡籍溪的门下，东莱受到了更正规全面的儒家教育，而他在经学方面受影响最大的是《礼》和《论语》。籍溪著有《论语会义》一书，向东莱传授的《论语》，对其治学思路的形成具有决定意义。

东莱所从学的刘、胡二先生，把重点从五经转移到了四书上。从廉退自好的人生哲学、反和主战的政治态度和尊崇二程理学三个方面，共同铸造了东莱忧国忧民、务实经世而又清高淡泊、难进易退、终身以读书著述为乐的处世性格。

是时，东莱自福州返里，适值吕本中的高弟、著名学者玉山汪应辰出知婺州，仓部公即命东莱拜以为师。汪应辰（1118—1176），本名洋，江西信州玉山（今江西上饶附近）人，学者称为玉山先生。高宗擢为进士第一，赐名应辰，故字圣锡。曾先后从学于胡安国、吕本中之门，其学博综诸家，且较诸儒为纯正。吕、汪本有世谊，故在汪玉山门下，受到了更为严格的教育，也是东莱从学最久的一位老师。东莱在汪玉山的悉心指导之下，不仅在学问上更上层楼，而且更由广博而归于纯正，从而修养成为近继周、张、二程，远得孔、孟正传的醇儒气象。

二、开坛讲学

乾道二年丙戌（1166）十一月，东莱之母曾夫人卒，次年正月葬于武义明招山祖茔。东莱与弟祖俭以及女儿华年就住在明招山侧筑庐守墓，每天都以读书为业。明招山在武义县城之东十五里，而在吕氏祖茔不远处的山麓有座明招寺。其地环境幽深，林泉秀美，所以常有士人来此读书。还有些学界朋友，如永康陈龙川、金华潘德鄜等，也趁此机会前来拜访东莱，亦借寺中聚会。因此，东莱虽然在山中居丧守墓，却常常有朋自远方来，座无虚席。而附近士人闻知东莱长期在此居丧守墓，皆慕名前来向他求学。开始时主要是武义人和金华人，后来，婺州本郡弟子以及"四方之士争趋之"[1]。东莱见这么多的弟子远道而来，实在推辞不了。于是，索性就在明招寺内设坛讲学了。

其实，东莱不是一个擅长辞令的人，在讲学时的语言表达能力并不很强，但是由于他学问渊博，讲解认真，加之气度恢宏，平易随和，待人诚恳，所以远近士人都愿意前来拜他为师。一年多来，早已聚集了上百学生。为了使教学事业逐步正规起

———————————

[1]《宋史》卷四百三十四，本传。

来，即在乾道四年九月制订《规约》十一条。学生们都严格遵守《规约》条款，以之作为自己读书求学和立身处世的准则。

东莱在明招山母墓之侧居丧讲学，一晃已过三年。到了乾道五年二月，丧满除服。于是辞退学生，回到婺州家中。

东莱与弟祖俭考虑明招寺僻处山区，各地诸生相聚不便，为了能使明招开创的教学事业不致中断，乃计划于婺城住舍附近创办学塾，以便诸生继续受学。他们就以父辈曾经讲学的"豹隐堂"为基础进行扩展，又因其地面临二湖，乃从《周易》"兑"卦"兑为泽"之卦义，取名为"丽泽书堂"（后人改称"丽泽书院"）。"兑"卦是专为阐明朋友讲习之义的卦，又因卦象由上下两"兑"构成，故曰"丽泽"，亦即两泽相连之意。故其《大象》曰"丽泽，兑，君子以朋友讲习"，《象》曰"兑，说（悦）也"。这是说，"丽泽"者，两泽并连而交相浸润之象，以象征欣悦也；而君子取以效法，作为良朋益友之间相互讲解义理、研习学业，从而获得欣悦之意。学塾之取名"丽泽"，既与学塾面临二湖相关，又合《周易》所谓"朋友讲习"的"丽泽"之义，即此可见其取义之深邃。而创办学塾的具体事务，则由其弟祖俭全力主持，在明招所定《规约》的基础上又增加六条，遵照执行。于是，以前在武义偏僻山区的明招寺从学的诸生，都转移到了婺州城内的丽泽书堂继续学习。

在明招和丽泽两地讲学的过程中，东莱还亲自编写教材。编写教材主要有两种形式，一是编辑古人的现成内容，二是自己撰写新的内容。前者主要有《古文关键》和《诗律武库》等，后者主要有《东莱左氏博议》之作。此外，尚有《书说》三十五卷、《吕氏家塾读诗记》三十二卷和《春秋讲义》一卷等，也都是东莱先后为教学而编写的教材，只是当时未能写成全书。

关于东莱讲学的内容，弟子们都作了记录，后经其弟祖俭广为蒐录，又经祖俭之子乔年补缀编次，乃成《丽泽论说集录》十卷。其中包括《易说》二卷，《诗说拾遗》《周礼说》《礼记说》《论语说》《孟子说》《史说》各一卷，《杂说》二卷。各卷皆冠以"门人集录"或"门人所记"等字，说明都是"门人杂录其师之说"①，而且是东莱"尝以其多舛，戒勿传习"的未经审定的讲课记录。

从《丽泽论说集录》所收的内容看，东莱讲学的内容，除了全部儒家经典而外，还包括各种史籍和子书。其中《史说》是讲史的记录，而《杂说》则是关于各家之说的见解。今天，我们从《丽泽论说集录》之中，犹可窥见东莱讲学时的大致内容和风格。

三、出仕从政

东莱既已丧满除服，朝廷也就诏令他重行出仕。乾道五年（1169）八月，诏令改东莱为添差严州州学教授。十月，东莱动身赴严州上任。不到几日，适值南轩张栻前来就任严州太守。东莱与南轩久已互相闻名。从学术渊源上看，两人有同门之谊。

----

① 《四库全书提要·丽泽论说集录》，《文渊阁四库全书》本，台湾商务印书馆影印。

南轩曾师从五峰胡宏，而东莱之师籍溪胡宪是胡宏的堂弟。这就为他们的门人东莱与南轩的交往提供了相同的学术旨趣。所以，两人一见如故，坦诚相待，各陈所学，随时交流，结下了深厚的友谊。

在南轩的有力支持下，东莱大力整顿严州书院，并将在讲学时所制定的《规约》拿到州学中正式施行。严州州学的整顿和革新，显示了东莱作为儒家教育家的才能，同时他所制定的这套学规，亦成为其教育思想的重要组成部分。

东莱在州学的公务之余，还撰写有《己丑课程》《己丑所编》两种著作，并开始撰写《春秋讲义》；又编次《阃范》六卷，南轩为之作序。这时，南轩使其爱女来向东莱受学，东莱即以《阃范》相授。

乾道六年，东莱以严州太守张杭的名义写了一份《为张严州作乞免丁钱奏状》上呈朝廷，请求朝廷免去严州丁盐钱绢的数额，减轻人民的负担，让老百姓有一个"息肩之日"。这篇《奏状》颇为深刻地揭露了当世社会弊政给广大人民所造成的严重不幸。虽然出自东莱手笔，但它表达的是东莱与南轩两人共同的政治、经济观点，并显示了吕、张两贤在严州任上合作的成功。

是年五月，朝廷重新任命东莱为太学博士。东莱即自严陵归还婺州，亲自到丽泽书院察看创办书院的情况。他又在以前所制《规约》的基础之上，再增加了七条关于"除籍"的规定，即《规矩七事》：凡是"亲在别居""亲没不葬""因丧昏娶"

"宗族讼财""侵扰公私""喧噪场屋""游荡不检"者，即行开除，并通报在籍之学生。然后复还严陵，遂赴临安就职为太学博士。

在东莱入朝的同月，张南轩亦从严州被召还，任为尚书吏部员外郎，兼讲官，两人再度共事。而且，两人一同居住在旧王承宣园（后号东百官宅）内，"寓舍相望，于讲论甚便"①，因而往来更为密切。用东莱自己的话说就是"张丈邻墙，日夕相过讲论"②。讲论的内容极其广泛，几乎无所不包。密切的学术交流切磋，使两人的学术思想相互渗透，相互影响。

东莱在出任太学博士期间，与当时众多著名学者交往密切频繁。其中最主要的当数龙川陈亮、止斋陈傅良和宗卿邱崈。这时，三人都在太学，故经常相聚探讨学问。

古时太学，要定期给在读的太学生进行考试，一般是以经义或政事等设问，令诸生解答，谓之"策问"。东莱既就任太学博士，就写了一道《太学策问》。

是年，东莱在任太学博士期间，就轮到了两次"轮对"。他在第一次轮对时所上的《札子》，内容主要是明"圣道"。在第二次轮对时所上的《札子》，内容主要是论"恢复"。是岁，还为门人修定《丧葬礼》一书。至十二月，进而兼任国史院编修官、实录院检讨官。

①《吕祖谦全集》第一册，第503页。
②《吕祖谦全集》第一册，第400页。

乾道七年七月，诏命以通历任四考，改左宣教郎，召试馆职。其所写《馆职策》一文，提出了"治道有大原"的观点。九月，除秘书省正字，兼职如故。

乾道八年春，东莱在试院，为省试考官，参与主持礼部考试工作。在点检试卷时，忽发现其中有一卷文义并胜，诵读再三，即顾谓知举尤袤与考官赵汝愚二人说道："此卷学问深邃，超绝群伦，必是江西陆子静之文，此人断不可失也。"及揭榜，果然是陆象山的试卷，大家都深服东莱之精鉴。

东莱正在忙于阅卷之际，忽接家报，说是父亲仓部公病危。东莱急忙告假仓皇而归。抵家时，仓部公已去世，东莱再次服丧丁忧。十一月，葬仓部公于明招山祖茔。次年春，以前从学的诸生闻知东莱又在明招居丧守墓，重新集结于门下，而且越来越多，前后达三百余人，远在武夷山讲学的朱子也命长子朱塾前来从学。但当陆象山得知东莱丧中讲学时，深不以为然，以为这有害"纯孝之心"，立即给东莱写信婉加批评。东莱于是遣散诸生，与弟祖俭专心守墓，致志读书。

淳熙元年（1174）四月，父丧已满。此后，东莱常常往来于丽泽书院和明招寺两地讲学。八月，东莱约同潘叔度赴会稽探望外祖母。九月底，告别外祖母回到婺州。这次会记之游，沿途写有《入越录》一卷。

淳熙三年十月，因荐诏令除东莱任秘书省秘书郎，兼国史院编修官、实录院检讨官，以重修《徽宗皇帝实录》。《实录》原稿一百卷，率多舛讹。东莱详加考订和整理，共成二百卷。

乃于次年三月，由实录院进呈宋孝宗御览，深蒙嘉奖。东莱乃趁孝宗召对之机，当面呈上两份《轮对劄子》。第一份《劄子》极陈"独运万机"之弊。第二份《劄子》则进而力陈国家治体之根本。四月，诏命东莱由秘书郎转任承议郎，罢检讨，仍兼史职。

淳熙五年三月十三日，诏令东莱由磨勘转朝奉郎，并任命为殿试考官。东莱作考官，无疑是具有真才实学的考生之福音。

四月，各地举子入京参加殿试，东莱为殿试考官。本科殿试取道甫王自中为进士第一名（状元），授修职郎、舒州怀宁主簿；水心叶适为第二名（榜眼），授文林郎、镇江府观察推官；居厚徐元德为殿试第四名，授绍兴府推官。据考证，东莱本来已取定水心为第一名，仅因孝宗对其文章偶有微词，才被有司改为第二。

这几位具有真才实学的名士之所以都能同时高中，当然是与东莱赏识文章的独具慧眼分不开的。陈龙川在给东莱的信中说："廷试揭榜，正则、居厚、道甫皆在前列。自闻差考官，固已知其如此。……正则才气俱不在人后，非公孰能挈而成之。"[1]可见在这次考试中，东莱对水心等诸人有所提携。

东莱作为和朱子、张南轩志同道合的理学家，其在两次担任考官之际，一则选拔了标榜心学的陆象山，二则选拔了倡导事功的叶水心诸人。可见他在选拔人才上完全是唯才是视，毫

---

① 《陈亮集》卷二七《与吕伯恭正字》书二。

无学术异同之偏见。

淳熙四年十一月，诏令东莱重编《圣宋文海》。原书共只二十册，差谬遗漏甚多，东莱详加审阅，考证增补，精心分类，共成一百五十四册。

淳熙五年三月，诏令东莱由磨勘转朝奉郎，并任命其为殿试考官。殿试结束后，东莱仍回秘书省编纂《文海》。四月，诏命除东莱为著作佐郎，兼史职。六月，诏命兼权礼部郎官，参与编修《中兴馆阁书目》，书成进呈孝宗御览，称旨，减二年磨勘。继又恩赐东莱转任为朝散郎，又除著作郎，兼职如故。

是年年底，东莱忽感风痹之症，行坐不便，馆中给假半月，准予居家治疗。淳熙六年正月，症状仍未减轻。东莱只得上札请祠，有诏拟授州郡之职。继又诏与添差参议官，差遣免谢，东莱坚辞不受。

六月，诏令东莱以直秘阁主管建宁府武夷山冲佑观。这是一种闲职，完全可以在家从事著述，于是开始写作《尚书讲义》。不料迎娶进门还只一年半的芮夫人因照料身患风痹的丈夫劳累过度而病故，致使东莱病症日益加重。

东莱自从隆兴元年（1163）二十七岁踏上宦途，至淳熙六年四十三岁奉祠归家，包括中间待次以及居丧丁忧等在内，先后共十六年，实际居官时间约十年。在此期间，既没有手握重权，也没有经受挫折，基本上是平坦而无起伏。其中原因除了他是世家子弟，朝中有不少世交故知相维护外，更主要的是他政治上安分守己，随和不争，遇到矛盾多采取息事的态度。

四、病榻著书

淳熙七年（1180），东莱四十四岁。东莱虽奉祠家居，身患重病，行动不便，却仍然读书治学，著述不辍。

首先，东莱从淳熙七年正月初一日开始，坚持每日记录日记，一直记到他去世的前一天淳熙八年七月二十八日为止。其中除了记录每天所作的读书、著述等功课而外，还简明地记录了关于天气变化、物候更新等现象。

东莱虽然身抱重病，仍然读书不辍。据《日记》所记的最后一年半中，精心研读了《诗经》《书经》《周易》《礼记》《春秋左传》《论语》《史记》《汉书》《稽古录》《资治通鉴》《熙宁奏对》《欧阳公集》《皇极经世》《正蒙》《近思录》《知言》《医经》等书，还随时记下读书心得，以供著述之用。

东莱每日最重要的工作当然是著述。据《日记》所记，东莱在最后两年中下工夫最多的是修订《吕氏家塾读诗记》和编写《大事记》，而且两部书是同时进行的。

东莱第二次修订《读诗记》从淳熙六年秋天到淳熙八年秋天临终前一直未曾中断，然而仍未修订完成，《公刘》次章以后部分，犹是以前所编未经修订的初稿。

根据《日记》记录，东莱于淳熙八年的大年初一日就开始撰写《大事记》。今存《大事记》十二卷，内附《通释》三卷、《解题》十二卷，合二十七卷。本欲历辑自春秋至五代的重大历史事件，以供后人借鉴。当时，他曾计划每天编述一年的史事，故从周敬王到五代共一千四百余年，预计用四年时间完成。可是，当他带病撰写到淳熙八年七月初八日，亦即临去世前二十天的时候，突然病情恶化，再也无法继续写作了。所以，《大事记》只辑自周敬王三十九年（前481）至汉武帝征和三年（前90）这段历史时期的一些历史事件，最后未能完成编辑计划。

东莱在病中还著有《宗法》和《祭礼》二书。东莱虽在身抱重病之际，仍然"力起奉祭事惟谨"①，并考虑到当时尚缺乏一本适用的祭礼之书可资遵循，故而抱病写成此书。

淳熙八年五月，亦即东莱生命的最后一年的夏天，东莱又为家族修定家规而成《宗法条目》。规定了家族内部必须遵守的一些礼仪和规则。是月，东莱还著有一部很重要的著作《古周易》。

他的最后一部著作是《古易音训》，又名《周易音训》，共二卷。据载，东莱在撰写此书时业已全身瘘痹，肢体已经不能动弹，故由东莱口述，而由门人金华王莘叟所笔录，刚录完毕而东莱病殁。可见这是东莱临终前的一部著作。

此外，东莱病中还著有《周易系辞精义》《欧公本末》《坐右录》《卧游录》等，兹不赘述。

临终前几天，他在浑身瘘痹、不能动弹的情况下，还给在朝新任参知政事的周必大写信，还兴致勃勃地在信中谈及自己的学术计划："近日来读书，视旧颇不卤莽，若得十数年休暇，

---

①朱子：《祭仪跋》。

无他病挠恼，于句读训诂间或粗有毫分之益也。"①谁知到了淳熙八年七月二十九日，竟然寿终正寝，享年四十有五岁。十一月初三日，安葬于明招山祖茔。

纵观东莱的一生，他并非以一个有作为的政治家彪炳于史，而是以思想敏锐和学识宏富的思想家著称于世。

①《吕祖谦全集》第一册，第444页。

东莱一生虽然天年不足，且又长期患病，然而不辍读书著述。在仅二十多年的学术生涯中，考证了大量的古代典籍，编纂修定了众多的经学和史学著作，撰写了不少学术专著，可谓学富五车，著作等身，几乎包括有六经以及文史、百家等全部内容。今将现在尚存的著作试予按类简要介绍，以便读者按需选阅。

一、经学著作

《古周易》一卷，系为恢复《周易》原貌而考定其篇目编次之作。本书题名"古周易"，即相对于编次混乱的通行本"今易"而言。因为《周易》在编次上有所谓"分经合传"的"今易"和"分经异传"的"古易"两种不同的系统。古时《周易》经、传各自独立成篇。自汉末郑玄据费氏易作《周易注》，把《彖》《象》两传分属各卦经文之后，并各冠以"彖曰""象曰"以别之。魏王弼作《周易注》，又进而把《象传》《大象》移置卦辞之下，六爻之前，而把《小象》逐条分附各爻之下（唯《乾》卦因《小象》内容难于分割，所以仍存郑氏之旧），再把《文言》分置《乾》《坤》二卦，为了经、传不相混合，又各冠以"彖曰""象曰""文言曰"以示区别。乃成为"今易"的基本体例，并成为后世最通行的编次，而《周易》古时的原貌反致失传。然而，"今易"虽然便于诵习，但经、传各篇的完整性受到破坏，导致支离破碎的流弊。于是宋元以降诸儒力求恢复《周易》的原貌，乃形成以"分经异传"为特色的"古易"系统。众多的"古易"本子由于各出己见，故在经文格式以及传文的篇名、篇数和篇序等方面各不相同。其中以东莱所定的《古周易》编次最为合理。故朱子取东莱所定《古周易》而作《周易本义》①。于是，东莱的《古周易》成为"古易"系统中影响最大的一个本子。

《古易音训》二卷，又名"周易音训"，系门人金华王莘叟所笔受，书甫毕而东莱病殁。本书是考正《周易》的文字音义之作。其书吸收了许多今已失传的宋代以前的资料，全赖此书

---

① 《四库全书》收有《周易本义》两种本子：其一是原本《周易本义》十二卷，这就是朱子取东莱所定《古周易》的编次而作的原书；其二是所谓"别本"《周易本义》四卷，则是后来又被俗儒所篡改的通行本。顾炎武《日知录》对此有详细记述："永乐中修《大全》，乃取朱子卷次，割裂附之程《传》之后。于是朱子所定之古文仍复淆乱。后来士子厌程《传》之多，弃去不读，专用《本义》，遂刊去程《传》，而以程之次序为朱之次序，相传且二百年矣。惜乎朱子定正之书，竟不得见于世，岂非此经之不幸也夫！"可见现在的通行本《周易本义》并非朱子依吕本所定的原本。

存其梗概。朱子注释群经，悉有音训，唯作《周易本义》，因有东莱此书而音训独阙，故其孙朱鉴取此书与《本义》合刊行世。

《易说》二卷，乃东莱门人所记师说，收入《丽泽论说集录》时题名"门人集录易说"，为其乃东莱《易》学精华之所在，后人从《集录》中抽出单刻，故收入文集及其他丛书者皆径题"易说"。《易说》是东莱发挥易理的讲学记录，所论见解精辟而多卓识，且能时出新意，堪称《易》学义理派的上乘之作。

《周易系辞精义》二卷，又名《晦庵先生校正周易系辞精义》。此书是东莱有鉴于程子所作《周易程氏传》只解六十四卦经文而不解《大传》，故集周、张、二程诸家经说、语录及二程门人共十四家之说为此书以补其阙。本书广集诸家之说于一书，资料确实丰富而全面，并保存了不少业已失传的翔实资料，且由朱子所校正，确实给研究《周易》提供了方便。

《读易纪闻》一卷，乃东莱读《易》时所记下的心得体会，共六十六条，多为独具卓识的精辟见解。

以上五种同为东莱的重要《易》学著作。《古周易》在于考正恢复《周易》古本的编次，《古易音训》即根据《古周易》的编次而进行文字考正，《易说》和《周易系辞精义》则在前两书的基础上分别发挥《周易》经、传的义理，而《读易纪闻》则是随时所录的读《易》札记。五书共同组成东莱自成体系的《易》学系统。

《东莱书说》残本九卷，系由门人巩丰根据诸生所录东莱讲学笔记整理而成，今仅存清严久能手抄宋本九卷，即《尧典》至《太甲》三篇止，其下皆阙。

《增修东莱书说》三十五卷，首一卷。其中东莱原书始《洛诰》，终《秦誓》，凡十八篇，共十三卷，当是东莱续其师林少颖《书集解》的补阙之作；而《尧典》至《召诰》二十二卷，则是门人时澜根据诸生所录东莱讲稿整理而成是编，乃成东莱一人之全书。王应麟《玉海》云：“林少颖《书说》至《洛诰》而终，吕成公《书说》自《洛诰》而始。盖之奇受学于吕居仁，祖谦又受学于之奇，本以终始其师说为一家之学，而澜之所续，则又终始祖谦一人之说也。”

《吕氏家塾读诗记》三十二卷，卷一为总论，卷二以下始分篇释《诗经》本文及《大小序》。其书汇集自毛、郑以来八十多家《诗》说，存其名氏；先列训诂，后陈诗义，剪裁贯穿，如出一手；己意有所发明，则别出之。朱子为之作《序》，谓其“兼总众说，巨细不遗，挈领提纲，首尾该贯，既足以息夫同异之争；而其述作之体，则虽融会通彻浑然若出于一家之言，而一字之训、一事之义，亦未尝不谨其说之所自；及其断以己意，虽或超然出于前人意虑之表，而谦让退托，未尝敢有轻议前人之心也”。本书择善而从，并不碍于成说或偏见。这也突出地反映出东莱学术上博采兼综、不存门户之见的风格。今从东莱的《吕氏家塾读诗记》与朱子的《诗集传》这两部《诗》学名著的内容看来，前者是对《诗》学旧说的全面总结，而后者则是对《诗》学新说的大胆开拓。两书观点不同，然而各有千秋。

《门人所记诗说拾遗》一卷，是东莱讲说《诗经》的记录，收入《丽泽论说集录》。仅存对于五十六篇诗的讲稿，其中有很多精辟的见解。

《门人集录周礼说》一卷，是东莱讲说《周礼》的记录，收入《丽泽论说集录》。对于《周礼》所载的周代官制，有其独到的见解，皆能从大处着眼。

《门人集录礼记说》一卷，是东莱讲说《礼记》的记录，收入《丽泽论说集录》。他善于把"礼"与"理"联系起来。认为"礼"就是"理"，从"理无物不备"这个前提中引申出"理"所体现的"礼"亦无处而不备、"无时而不足"的结论。

《春秋集解》三十卷，首列《春秋》经文，经文以《左氏》为本，对其中与《公羊》《穀梁》两家歧异的文字加注列出。自三《传》而下，集诸家之说，各记其名氏，而以己说低一格附于诸家之后。从全书汇集各家之说的编排顺序和援引次数上，可以看出东莱之治《春秋》，重《左氏》、伊川程氏、武夷胡氏的指导思想。本书在《春秋》学史上具有重要学术意义，同时保存了刘绚、许瀚、吕本中等人已亡佚的《春秋》著述。此书所择虽繁，但条理清晰，说明此书如同《读诗记》，是精心剪裁之作。《四库提要》谓此书为吕本中撰，实误。

《东莱左氏博议》二十五卷，亦名《东莱博议》，共一百六十八篇。其中每篇文章都以《左传》所载史实为题，发挥其哲学、伦理、政治、经济、史学等各方面的思想观点，以作为诸生应试学习作文技巧的范文。其格式于时文为近，所以广泛地运用了立意、布局、修辞、炼句等各方面的艺术技巧。这是一部熔阐发经义、通贯理学、切合题旨、文章作法等多种功能于一炉的论文专集，也可以说是东莱具有独创意义的著作。其书立论纯正深刻，精于义理；议论新颖奇兀，常出人意表；文情跌宕起伏，富于变化；文字淳朴精当，明白流畅。故深受历代读者所喜爱而习诵不衰。

《春秋左氏传说》二十卷，是东莱研究《左传》系列中的重要著作。他在卷首《看左氏规模》中提出："看《左传》须看一代之所以升降，一国之所以盛衰，一君之所以治乱，一人之所以变迁。能如此看，则所谓'先立乎其大'者，然后看一书之所以得失。"又云："《左氏》一书，接三代之末流，五经之余派。学者苟尽心于此，则有不尽之用矣。"《朱子语录》称此书"极为详博，然遣词命意颇为伤巧"。

《春秋左氏传续说》十二卷，《纲领》一卷。其《纲领》引子贡曰："文、武之道未坠于地，在人。贤者识其大者，不贤者识其小者，莫不有文、武之道焉。"并认为"此数句便是看《左传》纲领。盖此书正接虞、夏、商、周之末，战国、秦、汉之初，上既见先王遗制之尚在，下又见后世变迁之所因，此所以最好看。看《左传》须是看得人情物理出"。其体例主于随文解义，故议论稍不如前《说》之阔大，然于传文所载，阐发其蕴，并抉摘其疵。如所谓"《左氏》有三病：不明君臣大义，一也；好以人事附会灾祥，二也；记管、晏事则尽精神，说圣人事便无气象，三也"，颇中其失。

《春秋左传类编》（不分卷），书前有《年表》，以鲁纪年，下系诸侯征战盟会等军政大事；次有《纲领》，选录《尚书》《周礼》《礼记》《论语》《孟子》及刘向《战国策序》、杜预《春秋序》等书中相关资料二十二则。正文取《左传》中诸事以类析为十九目：周、齐、晋、楚、吴越、夷狄、附庸、诸侯制度、风俗、礼、氏族、官制、财用、刑、兵制、地理、春秋前事、春秋始末、论议。其中"官制"又分周、鲁、晋、楚、齐、宋、郑、卫、家臣等九类；"论议"又分论典礼、论兵、土功、荒政、火政、诸侯政事、名臣议论等七类。每门俱前列《左传》，而以《国语》附其后。

《春秋讲义》一卷，系为《春秋》讲学而作，卷首即提出了"学欲切而思欲近"的读经方法。

《春秋四传大全》三十八卷，盖为当时课门人之作。首载杜预、何休、范宁、胡安国四序；次《春秋纲领》，述各家议论；次《春秋提要》，如周十二王、鲁十二公，以及会盟战伐之数，并撮举大凡；次《春秋列国图说》《春秋二十国年表》《春秋诸国兴废说》。凡经文之下皆分注《左氏》《公羊》《穀梁》三传，而《胡传》则别为标出，间加音注。考此书东莱年谱不载，唯明陈第《世善堂藏书目录》题吕祖谦著，而各本均不署著者名氏，姑录以存疑。

《甲午左传手记》一卷，共十条，为读《左传》时的笔记。

《门人集录论语说》一卷，是东莱讲说《论语》的记录，收入《丽泽论说集录》。其中虽大都是关于日常言行的论述，但也有很深刻的哲理探索。他认为："《论语》虽言'仁之方'，然未尝不是全体。孟子指切良心教人，仁人心也。"又谓："人无小无大，皆有文、武之道，皆是圣人学处。"

《门人集录孟子说》一卷，是东莱讲说《孟子》的记录，收入《丽泽论说集录》。其中多有卓见，如论"义利"与论"道"，皆有独到之处。又谓："'恻隐之心，仁之端也。''端'之一字极好，若见恻隐便谓仁，但只知恻隐，须体察所以恻隐者何故，如此看仁始有分寸。"显然是从根本处着眼。

经学著作已佚者有：《周易古经象》《礼记详节》以及《左氏统纪》三十卷。

二、理学著作

《家范》六卷，包括《宗法》《婚礼》《葬仪》《祭礼》《学规》各一卷，《官箴》《荥阳公家塾广记》《舍人官箴》《择善》共一卷。其中《宗法》是为整理春秋以前封侯建邦时代的封建宗法制度而作，具有考证古代社会制度的历史意义。《婚礼》《葬仪》《祭礼》是依据《礼记》的制礼原则并参考《仪礼》的条文，再结合当前的社会风俗，将古今之礼加以参校修订而成，使之既符合圣人的制礼之义，又便于今人能依礼而行。《学规》则是辑录东莱历年在明招、丽泽等书院讲学时所制订的规约，包含有一定的教育思想。《官箴》是记录为官时必须警诫之事。《荥阳公家塾广记》是东莱追记高祖吕希哲的遗言。《舍人官箴》是东莱追记伯祖吕本中的为官语录。《择善》是东莱平时从

《左传》《战国策》《史记》《前汉书》《后汉书》《三国志》《南北史》《唐史》中所录出的可资择善而从的典故，以供立身处世者借鉴之用。整部《家范》收录了东莱关于社会实用方面的著作，集中体现了他的经世致用的务实思想。

《少仪外传》二卷，是东莱从近七十种书中选录前人切于立身应世的嘉言善行而成的普及读物。目的在于用书中这些当知易见的格言和范例，对初学之士进行道德教育，使之在修己、待人和处世等方面树立正确的观念，以成为有用之才。书中所录皆博学切问之事，而大要以谨厚为本，对初学者深为有益。

《卧游录》一卷，乃东莱晚岁卧病时，"因有感于宗少文'卧游'之语，每遇昔人记载人境之胜，辄命门人随手笔之"，以恣"卧游"之趣。盖咫尺具冈峦之势，枕簟有濠梁之观，不必蹑屐扶筇，梯山钓水，而杂引遗事前言，寻绎一过，胸次洒然，如置身于舞雩、沂水间，油然有"乐与人同"之致。优而游之，使自得之，既以为怡神适志之具，又为兴寄"故国之念"也。此书传世版本有繁、简二种。繁本凡一百一十七则，无序跋；简本凡四十六则，前有宋王深源序，后有顾元庆跋。二本前二十一则皆同出《世说新语》，而后各绝异。

《近思录》十四卷，与朱子合编。辑录周濂溪、二程、张横渠语录六百二十二条，分类汇编，为初学义理之入门书。其中卷一辨明"道体"，而后于道知所从入，可以用力以求至焉，盖道之体既明，而所以体道者自愈以详审而精密；卷二至卷五详论修身之道，则以明明德为本，以知识与道德并进为工夫，而以克己复礼为依归；卷六至卷十依次论述齐家、治国、平天下之道，兼及独善与兼济的穷通之理，乃是由亲及疏的新民事业；卷十一至卷十二专论育人之道，而以正面教学与反面警诫并施为法，亦新民之事也；卷十三与卷十四则分别以反面"辨异端"与正面"观圣贤"以阐明圣人之道。全书构成了一个完整的理学体系。

理学著作已佚者有：《阃范》十卷，《紫微语录》一卷，《吕氏读书记》七卷。

三、史学著作

《大事记》十二卷，并附《通释》三卷、《解题》十二卷，合二十七卷。本书取司马迁《年表》所书编年系月的体例，复采辑《左传》、历代《史》、《皇极经世》、《稽古录》、《资治通鉴目录》等书举要以广之。书法皆祖太史公，所录不尽用策书凡例。此书本欲历辑自春秋至五代的重大历史事件，因病逝而只辑至汉武帝征和三年（前90）为止，最后未能完成编辑计划。在当时的讲学家中，惟东莱博通史传，不专言性理。朱子亦谓："其书甚妙，考订得子细"。又谓其《解题》"煞有工夫，只一句要包括一段意思"。盖此书去取详略实有深意，而议论正大，于古今兴衰治忽之理尤多所发明。

《读史纲目》一卷，综论读史之法。分官制、兵制、财赋、刑法、政事、君德、相业、国势、风俗、辨《史记》十篇有录无书等十目。其谓："读史先看统体，合一代纲纪、风俗、消长、治乱观之。……既识统体，须看机括。国之所以兴所以衰，事之所以成所以败，人之所以邪所以正，于几微萌芽时察其所以然，是谓机括。"又谓："读史既不可随其成败以为是非，又不可轻立意见易出议论，须揉之以理，体之以身，平心熟看，参会积累，经历谙练，然后时势事情渐可识别。"

《读汉史手笔》一卷，系读汉史时所记的心得见解，对汉代人或事随加评论，时出卓见。

《西汉精华》十四卷，《东汉精华》十四卷，二种总名"两汉精华"。其《总目按语》谓"看本纪要先知人君地位，次要看资质短长、时代兴衰、事业难易、规模大小、治道粹驳、措置得失、任用贤否、事意本末、情理血脉、情事同异、古人深意、史法褒贬、议论当否；看列传要看才能偏全、心术邪正、学术渊源、出处终始"。是书系就两《汉书》摘其要语而论之，或比类以明之。所论每条仅一二语，略抒大意以明其精华之所在，足见其议论之正。

《历代制度详说》十五卷，是一部论述历代制度沿革的著作。凡分十五门，每卷一门，依次为：科目、学校、赋役、漕运、盐法、酒禁、钱币、荒政、田制、屯田、兵制、马政、考绩、宗室、祀事。每门皆前列"制度"，上起三代，下至宋朝，引录历代文献，说明其渊源和演变，叙述简赅；后为"详说"，则是对该项制度及其沿革的分析和评论，议论明切。其书于古今沿革之制，世道通变之宜，贯穿折衷，首尾备见，切于民生实用，有益于致治之道。

《欧公本末》四卷，系为欧阳修生平历仕、行实、撰述与交游史传之作，旁及时事、时贤之本末，内容至为丰赡。欧阳修与吕氏先世有诸多交谊，故东莱于风痹卧病之晚年，为之详考其事迹而编成此书，足见二家交契之深。第一卷为考辨欧氏幼年勤学、初仕之经历；第二卷考辨欧氏自京官贬夷陵、乾德等经历以及编纂《崇文书目》和修《礼书》详实；第三卷为考辨欧氏修《唐书》《五代史》之始末及史学成就；第四卷为考辨欧氏论著及学术成就。每卷辅以当时重要人物事迹，共计一百八十七人之多。盖北宋自真宗、仁宗至英宗数十年间相关重要史实皆已概见。此书体例一以欧文为经，杂参他书之人物传记为纬，故于欧文之后低一格系以人物传记，以两相补充、参验，其用意之善，体制之密，可谓独出匠心。陈振孙《直斋书录解题》谓"非独欧公本末，而时事时贤之本末，亦大略可观矣"。

《十七史详节》，凡收《史记详节》至《五代史详节》共十种，合二百七十三卷。东莱因史书篇籍浩瀚，阅读研治"十七史"，诚非短期可以卒业。而初学者欲得其要义、精义，则尤为不易，乃自《史记》至《五代史》诸史进行删节，以便初学。其用功至深，使数千年之事迹，学者一展阅，旬月之间可悉其要。

《诸史类编》六卷，初辑此书为《择善》《儆戒》《阃范》《治体》《论议》《处事》六门，而《阃范》先成既刊，今惟五门，而《论议》分上下卷。

《东莱音注唐鉴》二十四卷，系为范祖禹所著的《唐鉴》作注。范祖禹曾协助司马光编撰《资治通鉴》为编修官，分掌唐史，以其所自得者著成《唐鉴》十二卷，于唐一代事撮取大纲，系以论断。其书极为伊川程子所称，谓三代以后，无此议论。东莱为之作注，乃分为二十四卷，并在卷首增加唐"历代纪元之图"、唐"历代传世之图"、范氏《进唐鉴表》《上太皇太后表》。其注先之以音义，继之以注释，其间是非褒贬，则皆以范氏为准。

《门人集录史说》一卷，是东莱讲史的记录，收入《丽泽论说集录》。东莱之学素以经史并重著称，故讲史也是他教学的重要内容。其论观史法云："观史当如身在其中，见事之利害，时之祸患，必掩卷自思，使我遇此等事，当作如何处之。如此观史，学问亦可以进，知识亦可以高，方为有益。"

《门人所记杂说》二卷，是弟子杂辑东莱讲论各方面见解的记录，收入《丽泽论说集录》。他认为："看史非欲闻见该博，正是要'识前言往行以畜其德'。大抵事只有成己、成物两件，……然两事又却只是一个'成'字。史亦难看，须是自家镜明，然后见得美恶；称平，然后等得轻重。欲得镜明、称平，又须是致知格物。"所谓"识前言往行以畜其德"，实可视为吕氏治学之特色。

《入越录》一卷，为淳熙元年（1174）八九月间东莱游越之日记。其于所历山川、名胜、风俗之类悉记之。

《入闽录》一卷（残阙），为淳熙二年东莱游闽之日记，所以纪武夷之游、鹅湖之集，盖一时之盛也。

《庚子辛丑日记》一卷，为东莱卧病后所作之日记，至临殁前一日为止，共一年又七个月事迹。包括每日读书、论著等内容，以及气候、草木之变化等悉记之。

史学著作已佚者有：《左氏国语类编》二卷、《西汉财论》十卷、《通鉴节要》二十四卷、《宋通鉴节要》五卷、《国朝名臣奏议》十卷。

四、文学著作

《宋文鉴》一百五十卷，是东莱奉旨所编的一代诗文总集。此书收集自建隆至建炎时期诸贤文集八百家，选取其辞理之醇有益于明道致治之文二千四百八十余篇，分六十一类，书成奏上，孝宗赐名《皇朝文鉴》。朱子谓"此书编次，篇篇有意，每卷卷首，必收一大文字作压卷，如赋则取《五凤楼赋》之类。其所载奏议，皆系一代政治大节，祖宗二百年规模与后来中变之意，尽在其中，非《选》《粹》比也"。叶水心谓"此书刊落浩瀚者百存一二，苟其义无所考，虽甚文不录，或于事有所该，虽稍质不废，钜家鸿笔以浮浅受黜，稀名短句以幽远见状，大抵欲约一代治体归之于道，而不以区区虚文为主"，又谓"其因文示义，不徒以文，余所谓必约而归于正道者千余数，盖一代之统纪略具焉。后有欲明吕氏之学者，宜于此求之矣"。此书的选编宗旨，贯彻了东莱的政治、经济、文化、军事等经世思想，文献价值至巨，有宋一代诸多佳作全赖此书得以传世。

《东莱标注三苏文集》五十九卷，为三苏文的较早选本，包括老泉文十一卷，东坡文二十六卷，颍滨文二十二卷，盖为举子习文而选定之读本。观其选文标准，颇注重论道、论史以阐发儒家道学之旨。所谓"标注"，第一为"标"，即用朱色圈点或画线标出文中警策与关节之处。第二是"注"，此非字义训诂之谓，而是提纲挈领之评点；而其批注，常有"主意""发尽主意"等字眼以揭示主题。其评点之方式，常与"标"互为表里，相映成趣。观此标注本意，不但充分展现东莱之经学、理学以及史学思想，为研究其思想体系的重要文献依据；而且对于阅读三苏文章亦甚有参考价值。

《历代奏议丽泽集文》十卷，附《关键》一卷，共收《汉书》至《五代史》历代奏议七十九篇，末附一卷为《关键增广丽泽集文》。

《丽泽集诗》三十五卷，系辑录自汉至宋历代各家之诗而成。卷一为《乐府》诗，卷二为《文选》诗，卷三为陶渊明诗，卷四至卷十五为唐人诗，卷十六至卷三十五为宋人诗。其所集诗，选择精当。朱子谓此书"大纲亦好，但自据他之意拣择，大率多喜深巧有意者，若平淡底诗，则多不取"。

《古文关键》二卷，选取韩、柳、欧、苏、曾等诸家文凡六十篇。各篇标举其命意、布局之处，标抹注释，示学者以门径，故谓之"关键"。首冠总论，述看文字法，论作文法，论文字病等。然后把这些作文方法，分别标注于所选的各篇文章的必要之处，随时加以指点，以便读者有效地进行欣赏与学习，所以当时就广为流传。

《诗律武库》十五卷、《诗律武库后集》十五卷，是东莱为课其弟子学习词赋而编的文史典故类书。其书征引故实，分类辑录，凡二十八门。清康熙间人余起霞认为此书"在诸家类书中尤为杰出"。

《东莱集注观澜文集》七十卷。此书为其师林之奇所编，东莱为之集注。林氏此编，踵步《昭明文选》体例，选取屈、宋辞赋及两汉以来至北宋诗文，凡三百三十四篇，依体裁总分甲、乙、丙三集。其所以名"观澜"者，即取《孟子》"观水有术，必观其澜"之意。澜者，水之大波也，以喻君子之学必有所本，上自涓涓之源流，而后至洋洋无涯之波澜，宜以次循序渐进，广泛浏览之、撷取之也。其旨盖以为传授弟子举业习文之用，而东莱复以此书为课其门人之教本，故肆力为作集注。所注多以解释事理为主，并说明典故出处。注释确切详明，素为后世所倚重。

《东莱吕太史文集》四十卷（另一种作《吕东莱先生文集》二十卷）。东莱殁后，其弟祖俭"乃始与一二友收拾整比"，编定《吕太史文集》十五卷；此后又由祖俭之子乔年复辑缀家范、尺牍、读书杂记之类为《别集》十六卷；继而乔年又将陆续发现的一些未刊遗稿，如策问、宏词、程文、尺牍之类，辑为《外集》五卷；并将年谱、遗事、圹记、哀诗和亲友祭文等总为《附录》三卷；另以《祠堂记》等别为《附录拾遗》一卷。合此三集，都四十卷，系广泛搜集东莱一生所作的单篇诗文，包括诗、辞、表疏、奏议、策问、试卷、宏词进卷、书信、序跋、传记、碑记、祭文、行状、墓志、语录等等汇编而成。近年整理校点《吕祖谦全集》，又从《永乐大典》《四库全书》及金华等地的方志中辑得东莱佚诗文八十多篇，作为《新增附录·吕集佚文》系于四十卷之末。东莱一生以治学、育人为主，并不刻意为文。但其赋诗，韵律雅靓，用典出神入化，甚得中唐遗韵；为文纵横开阖，变化莫测，洋洋洒洒，气势磅礴，颇具汉唐气象。

文学著作已佚者有：《离骚章句》一卷、《杜工部三大礼赋注》十卷。

这些著作大都是中国学术史上的重要文献，有的还成为历代家喻户晓的读本。可惜有多种著作已经失传，确实是学术界的一大损失。所幸的是，今已将东莱传世的著作进行全面整理，出版有《吕祖谦全集》十六册、《十七史详节》八册，以供学术界同人进行全面而系统的研究。

第二章 通经明道之学

东莱之学，熔理学、心学和事功之学等各种思想于一炉而自成体系。在本体论上，体现为理与心并重的心物相融之学；在方法论上，则体现为相济相成的执中之道；在历史观、理欲观和义利观以及立身处世等方面，也都有自己的独到见解而有其极为开阔的论述。从而成为最能体现先秦儒学的规模而深得孔门之正传的思想体系。

心物相融

东莱作为一代道学之大家，其学素以重理亦重心著称，故呈现为客观事物运动规律之"理"与主观认识事物之"心"并重的特色。从而将两者相融统一于儒学的核心范畴"仁"，以之作为整个思想体系的最高范畴。

一、事物运行规律之"理"

东莱从天人合一和生生不息的观念出发，认定包含在一切事物中的普遍规律之"理"或"天理"是无始无终、不生不灭的永恒存在，而事物的变化发展必须遵循"理"的支配。所以在东莱看来，事物运行规律之"理"是超时空的绝对，故视之为客观事物的最高范畴。世界上其他事物都有始有终，有生有灭，唯有理是永恒的存在。他在《易说·离》卦中说："大抵天下道理本自相继以明，……事虽不见，而理常在。"同书《复》卦中说："天地生生之理，元不曾消灭得尽。"他在《左氏博议·颍考叔争车》中说："理之在天下，犹元气之在万物也。"

"天理与乾坤周流不息。"而在同书《梁亡》中说："天下之不容泯者，天理也。"

其《孟子说》论"道"云："道初不分有无，时自有污隆。天下有道时，不说道方才有，盖元初自有道，天下治时，道便在天下；天下无道时，不说道真可绝，盖道元初不曾无，天下不治，道不见于天下尔。"认为政治清明，天下有道，天理固然存在；而政治混乱，天下无道时，天理亦照样存在。

很显然，东莱的这个观点，与朱子所谓"万一山河天地都陷了，毕竟理却在这里"①的理论如出一辙。其《易说·无妄》中说："至极之理，不可加一毫人伪。……天理所在，损一毫则亏，增一毫则赘，无妄之极，天理纯全，虽加一毫不可矣。"这就是说，"理"原来是什么样就是什么样，任何时候都容不得人为地给予"增"或"损"，否则非"赘"则"亏"。而所谓"理"，就是天地生生之理。他在同书《复》卦中说："草木萌动，根芽初露"，"枝枝叶叶，渐渐条达"，都是"天地生生之理"，是"自然之天道"。故《无妄》又说："循其天理自然，无妄也。"

关于程子"理一分殊"的命题，东莱在《易说·乾》卦中作了具体论证："'易有太极，是生两仪'，非谓两仪既生之后无太极也，卦卦皆有太极；非特卦卦，事事物物皆有太极。'乾元'者，'乾'之太极也；'坤元'者，'坤'之太极也。一言

---

① 《朱子语类》卷一。

一动，莫不有之。"①何谓"太极"？朱子曾说："太极只是天地万物之理。"②东莱同意这样说。他认为在"太极"或曰"天理"的作用下，产生了阴阳"两仪"，但不是说产生阴阳之后"太极"就不复存在了，它永远高悬在天地万物之上。因为事事物物都是从"太极"这里出去的，所以事事物物都有属于自己的"太极"。比如乾有"乾之太极"，坤有"坤之太极"，推而言之，各卦都有其"太极"。易之太极是事事物物太极的总名，而事事物物的太极则是易之太极的体现。东莱指出"天下只有一个道理"，而由"一个道理"产生出来的事物虽然从现象上看有千差万别，形性各异，但其本质则完全是一致的。其《易说·睽》卦云："天下事有万不同，然以理观之，则未尝异。君子须当于异中而求同，则见天下之事本未尝异。"这就是对于伊川所谓"一理摄万理"，"万理归于一理"之理论的进一步发挥。这实际上就是程、朱理学所提出的"理一分殊"的理论。

东莱还认为，不仅自然界有人们必须遵循之理，人事也是有理可循的。其《易说·贲》卦云："日月、星辰、云汉之章，天之文也；父子、兄弟、君臣、朋友，人之文也。此理之在天人，常昭然未尝灭没。人惟不加考究，则不见其为文耳。……唯能观察此理，则在天者可以知时变，在人者可以化成天下也。"③天因为有日月、星辰、云汉的区别，非但显得绚丽多彩，

---

① 《吕祖谦全集》第二册，第2页。

② 《朱子语类》卷一。

③ 《吕祖谦全集》第二册，第37页。

而且还可以从其运行变化中，知道时令气候的变化，这就是"天之文"；人因为有父子、兄弟、君臣、朋友之分，而使得社会昌盛和谐，人人各守其分，就可以达到天下之大治，这就是"人之文"。他以为天理昭示于人之处即在于此，必须精加考察，洞悉底蕴。故同书《同人》云："如天同一天，而日月、星辰自了然不可乱；地同一地，而山川、草木亦了然不可乱；道同一道，而君臣、父子自了然不可乱。"①东莱在论述了自然界的"各得其所"之后，进而论述了人类社会的"各得其分"。日月、星辰同处中天而有其固定的空间位置和运行轨道，山川、草木共居大地而各自占据属于自己的地盘，它们之间是不能相互更换或改变的。同样，在同一天理的支配下，君臣、父子亦各有其分，也"了然不可乱"。自然界和人类社会虽然不能截然分开，但是二者是有严格区别的。

《左氏博议·颍考叔争车》又云："理之在天下，遇亲则为孝，遇君则为忠，遇兄弟则为友，遇朋友则为义，遇宗庙则为敬，遇军旅则为肃，随一事而得一名。名虽至于千万，而理未尝不一也。"②东莱认为"各得其所"与"兼容"都是天理的重要原则。因为要使天地万物"各得其所"，所以规定人住在城邑市井，虎狼居于山林薮泽，鱼龙安游于江海沮洳之中。唯有这样，天地万物才能相安无事，共居于同一世界之中。如其不然，

---

① 《吕祖谦全集》第二册，第18页。
② 《吕祖谦全集》第六册，第58页。

而让人与虎狼、鱼龙居所颠倒或混杂而居等等，那世界就会引起紊乱而不成其为世界了。因为"兼容"，所以不必将虎狼、鱼龙这些异类消灭殆尽，可以保留其在自然界的一席之地。因此，"各得其所"是"兼容"的前提，"兼容"是"各得其所"的延伸。

二、认识事物运行规律之"心"

东莱认为事物运行规律之"理"是超时空的绝对，故视之为客观事物的最高范畴；又认为认识事物运行规律之"心"，体现了人的主观能动性，故视之为主观行为的最高范畴。

东莱认为，人的视、听、言、动、思等一切思想行为都必须受"心"的支配。宇宙间的一切，"仰而观之"，"俯而察之"，"皆吾心之发见也"。他在《杂说》中说："心是活物，流而不息。""本然者谓之性，主宰者谓之心。"因而认定这种"心"的主宰作用。他在《左氏博议·楚武王心荡》中说："圣贤君子以心御气而不为气所御，以心移气而不为气所移。"然而他又说："心由气而荡，气由心而出。"这说明了心与气之间的相互作用。

在中国哲学史上，孟子率先提出了"万物皆备于我"的观点。当然，这并不是说"我"真能把世界的一切集于一己之身，也不是说天地万物以及人类社会的一切都是由于"我"的作用而派生出来的，而是主张取消主观和客观的界限，融客观于主观之中。东莱在《左氏博议·齐桓公辞郑太子华》中对孟子的这一命题发挥说："举天下之物，我之所独专而无待于外者，其心之于道乎？心外有道，非心也；道外有心，非道也。心苟待道，既已离于道矣。待道且不可，况欲待于外哉！……至理无外，藩以私情，蔀以私智，始限其一身为内，而尽弃其余为外物。乃若圣人之心，万物皆备，尚不见有内，又安得有外耶！史，心史也；记，心记也。"①在这里，东莱断定"圣人之心"与包括人类社会在内的宇宙万物浑然一体。世界上没有任何事物存在于"圣人之心"之外，故而人类社会的历史以及对人类社会历史的记载均可视为"心史"和"心记"。同书《晋文梦与楚子搏》又云："万物皆备于我，万理皆备于心。……耳之所闻者有限也，然天下之声皆具于吾耳之中，非可以闻不闻限也；目之所见者有限也，然天下之色皆具于吾目之中，非可以见不见限也；心之所想者有限也，然天下之理皆具于吾心之中，非可以想不想限也。……理本无穷，而人自穷之；心本无外，而人自外之。"②这都是对孟子"万物皆备于我"命题的进一步发挥。这在同书《郑伯克段于鄢》末段"哀莫大于心死，而身死次之"之说，显然是对心的最高阐述。而在同书《懿氏卜妻敬仲》中，东莱又从"圣人之心，万物皆备"的命题出发作了推衍：

---

① 《吕祖谦全集》第六册，第239—241页。
② 《吕祖谦全集》第六册，第373页。

　　圣人备万物于我，上下四方之宇，古往今来之宙，聚散惨舒，吉凶哀乐，犹疾痛疴痒之于吾身，触之即觉，干之即知。清明在躬，志气如神；嗜欲将至，有开必先。仰而观之，荣光德星，欃枪枉矢，皆吾心之发见也；俯而视之，醴泉瑞石，川沸木鸣，亦吾心之发见也；玩而占之，方功义弓，老少奇耦，亦吾心之发现也。[①]

东莱认为"圣人之心"具有通天彻地之能，自然界的一切变化都掌握在圣人之心中。对于圣人来说，客观世界的"聚散惨舒，吉凶哀乐"，犹如自己身上的"疾痛疴痒"一样，"触之即觉，干之即知"。天象的变异，地下的运动，都不过是圣人之心的"发见"。不唯自然界时刻与"圣人之心"相关，而且人类社会的治乱祸福亦与"圣人之心"息息相关。故又云：

　　未占之先，自断于心，而后命之元龟。我志既先定矣，以次而谋之人，谋之鬼，谋之卜筮。圣人占卜，非泛然无主于中，委占卜以为定论也。……其所以谋之幽明者，参之以为证验也。[②]

东莱认为圣人在占卜之前，对所要占卜之事本已"自断于心"

———————

① 《吕祖谦全集》第六册，第180页。

② 《吕祖谦全集》第三册，第65页。

了，而且形成了一定的见解，然后再进行龟卜、蓍筮。这只不过是为了坚定"自断于心"的一种手段。由此，东莱对"泛然无主于中"的卜筮进行了抨击：

> 至于后世，始求吉凶于心外。心愈疑，而说愈凿；说愈凿，而验愈疏。附之以瞽史之习，杂之以巫觋之妄，……失之于心，而求之于事，殆见心劳而日拙矣。①

东莱之所谓"自断于心"，当然是预先从对于事物的发展规律之分析洞察而来，绝不是盲目妄断。有人看到"自断于心"之语，即据以论证东莱的哲学思想是主观唯心主义的，则未免流于断章取义之病。其实，东莱的这一观点，显然具有反对卜筮迷信的意义。他在《与学者及诸弟》中说："更须参观物理，深察人情，体之以身，揆之以时，则无偏弊之失也。"②他认为，人们认识和掌握这种必然规律，正是为了"循理而为"，做到既"上进有为"，又"不敢放纵"，达到适得事理之宜，以保证生产和处事的成功。

东莱在继孟子提出扩充良知良能的修养方法之后，还较早地对"良知"概念作了阐发。其《易说》云："凡人未尝无良知良能也，若能知所以养之，则此理自存，至于生生不穷矣。"他

---

① 《吕祖谦全集》第六册，第181页。
② 《吕祖谦全集》第一册，第507页。

有时也把"良知"称为"良心"，他认为人的这种"良知"，"未受外物所诱，故正。正者，其良心良知之所在，故无交感之害也"。如果"局于小智，憧憧起伏，所以未光大，反逐于物而私障蔽之。盖心本光大，至此，则光大皆不见"。因此，"与生俱生"的"良知"与"良心"能否保持并光大，关键在于人的道德自觉："有以继之，则为君子；无以继之，则为小人。""故学者不忧良心之不在，而忧良心之不继。"但对于任何人来说，"继之""复之"的可能性总是存在的。"虽为穷凶极恶之事积于身"的人，"然固有之良心亦自具在"[1]，只要有"悔过之心"，就可能改恶从善。由此可见，这种"良知"说，充分强调了主体道德意识自觉的作用。这显然已开王阳明的"致良知"说之先河。但由于王氏"心外无物"之说过分夸大了"心"的作用，以致王门后学取消了"光大"和"有以继之"的修养工夫，从而陷入"现成良知"的末流之弊，故其说反不若东莱此说之纯然无弊也。

三、心物相融的最高境界之"仁"

无论西方哲学抑或中国传统之"道"，都包含有"心"和"物"两个方面；而在"物"的方面，又包含有"气"（器）和"理"（道）两个方面。"心"是人用以认识"物"的思维器官，"物"是包括人自身在内的一切自然界；"气"是"物"之形

---

[1]上引见《吕祖谦全集》第二册，第44页。

质，"理"是"物"之运动规则；"气"之成形者为"器"，"理"之综合则为"道"。故"理"与"气"的关系也相当于"道"与"器"的关系，即《易传》所谓"形而上者谓之道，形而下者谓之器"也。

中国传统哲学界虽无西方唯心与唯物之争，但也不乏偏重之论。如程朱偏重物之运动规则之"理"，陆王偏重人用以认识事物运动规则之"心"。其实，"理"与"心"何者更为重要，是一桩永远争不清楚的话题。在中国传统的"天人合一"之"道"中，心、理、气三者同样重要，互相依附而缺一不可，故而力求三者的统一，才达到了"道"之最高境界。孔子自谓"七十而从心所欲不逾矩"。所谓"矩"，就是客观事物的运行规则。"从心所欲不逾矩"，就是主观之"心"与客观之"物"以及物之运行规则"理"达到了高度的统一，也就达到了"道"之最高境界。在这里，并不存在"心"与"物"何者为第一位的问题。不过从孔子的立场出发，主宰者是"心"而不是"物"。中国传统的"天人合一"之道，实可作如是观。

正因为中国传统的"天人合一"之"道"中，心、理、气三者同样重要而互不相属，因而它们只能分别成为该方面的最高范畴而不能成为整个思想体系的最高范畴。如"气"可以说是物之形质的最高范畴，"理"可以说是物之运行规律的最高范畴，"心"可以说是认识"气"和"理"的思维形式的最高范畴，但它们都没有资格成为整个思想体系的最高范畴。清儒黄梨洲虽曾说过"盈天地皆气也"和"盈天地皆心也"的话，但没有把"气"或"心"视为本体，而是说"工夫即本体"。因为"工夫"是融合"气""理""心"为一体的形式，所以可视之为本体。而儒者一生所下的"工夫"是为了实现什么目标？当然是为了实现"修己以安人"之"仁"。所以，只有"仁"才是儒家思想体系的最高范畴。东莱在《与朱侍讲》书中云："盖爱者仁之发，仁者爱之理，体用未尝相离，而亦未尝相侵。"①内心所发之"爱"能合乎客观之"理"，才是儒门之"仁"。行"仁"而能达到"修己以安百姓"的最高境界，则"仁"与"圣"合。不过"圣"只是行"仁"而达到极致之称，而"仁"则可以包括"修己以敬"到"修己以安百姓"的整个渐进历程，所以，儒家整个思想体系的最高范畴是"仁"。

在《大学》所列"大人之学"的八条目中，"格物""致知"是认识客观事物运行规则之"理"，"诚意""正心"是修养主观心性之"德"，二者同为"修身"所不可或缺的两个方面。从自然存在而言，"物"是最基本的因素，故把格物、致知排在诚意、正心之前。但二者都是永无止境的修养过程，因而绝不是格物、致知完成之后再去从事诚意、正心的工夫。实际上，人从有知之日起，格物、致知和诚意、正心是同时并进的，都是修身所必具的工夫。所以，在先秦原儒的目标中，"心"和"理"都不是最高范畴。在修身时，从格物、致知所获得的智慧和诚意、正心所达到的道德，共同推行到齐家、治国、平天下

①《吕祖谦全集》第一册，第413页。

的事业之中，以臻乎"安百姓"和"博施济众"的"仁"的最高境界，也达到了"圣"的境界，这才是儒者的最终目标。

由是观之，无论在理论上偏重"理"的程朱抑或偏重"心"的陆王，都难免偏离了儒家的中庸之道。在客观之"理"与主观之"心"的关系上，当时各学派中唯有东莱主张"心与理合""道与心一"，亦即"心"的活动必须符合事物之"理"，才是达到了最高的境界。有人认为，东莱的"心与理合"与陆氏的"心即理"一致。其实，"心即理"是两者重合的关系，而"心与理合"则是两者互不相违的关系，区别是明显的。东莱在《易说》中还以"生生之意"的"仁"，来论述"天人合一""万物一体"的观念。认为《易经》所说的万物"生生"之意，亦即是"天地之心"；而"圣人之心"即"仁心""道心"，可以体察"天地之心"，做到与天地合德同心，包容天地万物，即所谓"万物皆备于我"。其《乾》卦云："仁者，人也，合而言之，道也。世人分为二，故君子体而为一。"①其《复》卦云："天地以生物为心，人能于善心发处，以身反观之，便见得天地之心。"②"圣人以天地为本"，"先王以天人为一体"。意思是说，圣人之心可以参天地，"人心"与"天理"、"人事"与"天道"是相通的。所以他对朱子的"理学"和陆象山的"心学"都有所纠正和吸取，并将其贯通融合为一。其实，这也就

①《吕祖谦全集》第二册，第2页。

②《吕祖谦全集》第二册，第44页。

是孔子所说的"从心所欲不逾矩"的境界。从心所欲而能达到不违背客观事物的规则，就是天地万物"生生"之道的"仁"。这乃是儒家认为只有圣人才能达到的最高境界。即此可见，在当时的各学派之中，东莱之学独得孔门之正传。故在东莱所谓"天理"中，显然已包含有"心"与"物"并重而且互相贯通相融的内容。

综上所述，东莱的本体论，是将客观事物运行规律之"理"与主观思维之"心"贯通融合为一，以达到孔子所说的"从心所欲不逾矩"的心物相融的最高境界。因而在当时的各派中独得儒学之正传。

中庸之道是儒家实现"仁"的方法和准则。而如执两用中、相反相成、对立面转化、因时制宜、应变达权等，都是中庸之道的重要内容。东莱对于如何调节事物之间的关系使之合乎"中"的准则，有其多方面的思考。

一、执两以用中

东莱在《易说·坤》卦云："理一而已矣。理虽一，然有乾即有坤，未尝无对也。犹有形则有影，有声则有响，一而二，二而一者也。"[1]在这里，"一"指事物对立面的统一，"二"指事物对立的两个方面。《恒》卦云："天下之理，未尝无对也。"[2]《晋》卦云："大抵天下之理，有进必有退，有荣必有辱。不待进极而后有退，当进之初，已有退之理；不待荣极而

---

①《吕祖谦全集》第二册，第7页。

②《吕祖谦全集》第二册，第68页。

后有辱，当荣之初，已有辱之理。"①《大壮》云："天下事必有对。盛者衰之对，强者弱之对。"②《蛊》卦云："天下之事常相对，有一病则有一治法。"又云："天下事有终则有始，乃天道如此。"③这是对事物对立统一规律的理解。

《易说·恒》卦云："大抵天下事，惟得中则可以无悔。……盖得形之中，不若得理之中。形之中，上下之中也，譬如屋之中央有定所；若理之中，则无往而不中也。……是中也，亘古今而不易，历万世而无弊。……大凡道无不常，亦无不中，在乎处之如何耳。"④这是阐述在理论上掌握中道的重要性。然而掌握中道的关键在于避免过度。《诗说拾遗》云："看《关雎》诗，须识得正心，一毫过之，便是私心。如'窈窕淑女，寤寐求之'，此乐也，过之则为淫；'求之不得，展转反侧'，此哀也，过之则为伤。天生烝民，有物必有则，自有准则在人心，不可过也。"⑤《左氏博议·陈敬仲辞卿饮桓公酒》云："爱极则移，高极则危，由古至今，用过其量，见险不止，未有能全者也。"⑥

关于对立面相反相成的作用，东莱也作了较为系统的讲论。

---

① 《吕祖谦全集》第二册，第80页。

② 《吕祖谦全集》第二册，第75页。

③ 上引见《吕祖谦全集》第二册，第27、29页。

④ 《吕祖谦全集》第二册，第70页。

⑤ 《吕祖谦全集》第二册，第112页。

⑥ 《吕祖谦全集》第六册，第163页。

东莱在承认矛盾普遍性的基础上，还进而提出了"相反处乃是相治"的可贵命题。其《易说·暌》卦云："世之所谓相反者，无如水火，而其理初未尝有异。故一动一静互为其根，一阴一阳互为其用。"①《蹇》卦云："大抵天下之理，相反处乃是相治。水火相反也，而救火者必以水；冰炭相反也，而御冰者必以炭；险与平相反，而治险必以平。"②《同人》云："常人以同为同，如以刚遇刚、以柔对柔则谓之同，如以水济水、以火济火则谓之同。殊不知刚柔相应，水火相济，乃为同。"③在《蛊》卦中还提出"盖《易》盈虚、消长、成败常相倚伏"④的观点，正如《豫》卦所谓"人多在顺中坏了"⑤。故其《泰》卦云："大抵人当否之时，自然忧深思远。至泰时，人民安富，国家闲暇，所失多由虑之不远。殊不知乱每基于治，危每基于安，讵可遐遗乎。"⑥这是说，统治者在国家多事之秋，天下动荡不定（否）之时，一般能够"忧深思远"，而在"人民安富，国家闲暇"（泰）之际，也必须虑之甚远。只有这样，才能使国家始终保持强盛，立于不败之地。

其实，相反相成之道，即在于其"执中"。《书说·洪范》

---

① 《吕祖谦全集》第二册，第92页。

② 《吕祖谦全集》第二册，第95页。

③ 《吕祖谦全集》第二册，第18页。

④ 《吕祖谦全集》第二册，第27页。

⑤ 《吕祖谦全集》第二册，第21页。

⑥ 《吕祖谦全集》第二册，第16页。

云："天下之理常对立，有逆则有顺，有向则有背。若平康之时，则孰为强，孰为燮也？沉潜者，深沉重厚之人，所少者发扬蹈厉，故当以刚胜；高明者，有材之人，所少者小心逊志，故当以柔胜。上二句，治之也；下二句，教之也。人君兼治、教二事。强弗友之人，当以刚治之；燮友之人，当以柔治之。沉潜重厚之人，从而教之以刚；高明有材之人，从而教之以柔。皆欲其归于中也。"[1]

东莱还认为对立的双方是相互渗透的，不可以将它们截然分开。其《易说·观》卦云："治中有乱，乱中有治。"[2]正如《左氏博议·齐侯见豕》所云："阳之发见，阴之伏匿。阳明阴幽，常若不通，及二气和而为雨，则阳中有阴，阴中有阳，孰见其异哉！"[3]也是同样的意思。

然而，在互相对立的两端之间，必以"中"为准则。《易说·乾》卦云："惟常言、常行，自得中正之义。"[4]同书《恒》卦云："大抵天下事，惟得中则可以无悔。"这是说，"中"是天下一切事物的准则。又谓："盖得形之中，不若得理之中。……若理之中，则无往而不中也。……是中也，亘古今而不易，历万世而无弊。"[5]这是说，所谓"中"，并非简单的对半

---

① 《吕祖谦全集》第三册，第233页。

② 《吕祖谦全集》第二册，第33页。

③ 《吕祖谦全集》第六册，第122页。

④ 《吕祖谦全集》第二册，第3页。

⑤ 《吕祖谦全集》第二册，第70页。

折中，而是以"理"为权衡的中道，才是"亘古今而不易，历万世而无弊"的执中之道，也就是中庸之道。

然而《恒》卦又云："大凡道无不常，亦无不中，在乎处之如何耳。"这是说，对于不同性质的情况，处得其"中"的方法也不相同。《左氏博议·里克谏晋侯》云："物之相资者，不可相无；物之相害者，不可相有。两不可相无，则不得不合；两不可相有，则不得不争。合之者，欲其两全也；争之者，欲其一胜也。将全其两，勿偏于一；将胜其一，勿分于两。"由于事物的两端之间，有"相资"与"相害"之异，处理的方法也就不同："相资"者在于求其"两全"，而"相害"者则在于求其"一胜"。正如"君子处父子之间，必以两全为本。至于邪之与正，则相害而不可相有。有正则无邪，有邪则无正，安得有所谓邪正之间哉！将为君子耶，盍主其正；将为小人邪，盍主其邪。此君子断然而欲其一胜也"。然而"当两全而欲使一胜，则其一终不能独胜；当一胜而欲使两全，则其两必不能俱全。亦审之而已矣"。例如协调父子、兄弟或朋友之间的矛盾，在于求其"两全"；而处理"正"与"邪"之间的矛盾，则必须扶"正"以祛"邪"而求其"一胜"。因而又云："《大学》论上下左右之间，皆欲两全而不伤，何其恕也？至其论小人，则以谓'仁人放流之，迸诸四夷，不与同中国'，又何其不恕也？"①其实，这也就是分别正确处理"内部矛盾"和"敌我矛

①上引均见《吕祖谦全集》第六册，第205—207页。

盾"两种不同矛盾时，所应采取的使之符合"中"之准则的两种不同方法。

二、对立面转化

东莱认为对立的双方不是固定不变的，而是在一定条件下将会发生转化。在其《左氏驳议·郑伯侵陈》中论证了对立面互相转化的观点：

> 天下之事，成于惧而败于忽。惧者，福之原也；忽者，祸之门也。陈侯以宋、卫之强而惧之，以郑之弱而忽之，遂以为"郑何能为"，而不许其成。及兵连祸结，不发于所惧之宋、卫，而发于所忽之郑，则忽者岂非祸之门耶？……然推"郑何能为"之一语，实亡国败家之本，殆古人所谓一言而丧邦者也。……是则"何能为"者，万恶之所从生也。苟不探其本，则"何能为"之言，虽有致乱之端，而未有致乱之形；虽有可畏之实，而未有可畏之迹。非知几之君子，孰能遏滔天之浪于涓涓之始乎？[1]

既然对立面经常发生转化，因此在观察问题时，不仅要从事物之"顺"的方面看，还要从事物之"逆"的方面看。同书《楚灭若敖氏》有云：

---

[1]《吕祖谦全集》第六册，第31—33页。

　　物以顺至者，必以逆观。天下之祸，不生于逆而生于顺。剑楯戈戟，未必能败敌；而金缯玉帛，每足以灭人之国。霜雪霾雾，未必能生疾；而声色畋游，每足以殒人之躯。久矣夫！顺之生祸也。物方顺吾意，而吾又以顺观之，则见其吉而不见其凶。溺心纵欲，盖有陷于死亡而不悟者矣。至于拔足纷华，寓目昭旷，彼以顺至，我以逆观。停筋于大食之时，覆觞于剧饮之际，惟天下之至明者能之。①

东莱认为，国家处于武装威胁之际，则能唤起国人自强不息，从而可以抵御敌人的进攻；假若敌国奉献"金缯玉帛"以示卑顺，则容易使人放松戒备。人们在气候恶劣的条件下，时时注意对身体的养护调理，故而未必会生病；但当处于顺境之中，人们往往会忘乎所以，而不注意对身体的养护调理，以致弄垮了身体而不自觉。从这个意义上说，身处逆境未必是坏事，而身处顺境未必就是好事。故在同书《管仲言晏安》中意味深长地说：

　　地之于车，莫仁于羊肠，而莫不仁于康衢；水之于舟，莫仁于瞿塘，而莫不仁于溪涧。盖戒险则全，玩平则

①《吕祖谦全集》第六册，第534页。

覆也。①

车行于羊肠小道，因其坎坷险峻，车夫不敢有半点疏忽大意；船驶于水湍流急之瞿塘，船夫则会全神贯注，故而能避免倾覆之患，而能顺利地通过。但往往也有这样的情况：因为车行平坦大道，船驶水流平稳之河面而漫不经心，落得车翻船覆的悲惨结局。他的这段话绝非危言耸听，而是以众多而确凿的历史事实为依据提炼出来的警世之言。故在同书《楚屈瑕败蒲骚》中以楚人习操舟之术为喻来说明这一道理：一楚人向舟师学习操舟之术，不久即能在舟师的指导下，于风平浪静的河面上，"投之所向，无不如意"，因而楚人"傲然自得"，以为自己完全掌握了"操舟之术"，可以不必再向舟师请教。于是辞退舟师，独自到有"吞天浴日之涛，排山倒海之风"的海洋中操舟，"乃彷徨四顾，胆落神泣，堕桨失柂，身膏鱼鳖之腹"。东莱指出，楚人"今日之危"，实是一开始"无不如意"所致。认为楚人以前"小试于洲渚之间"太顺利了，因而产生错觉，以为操舟之术不过尔尔，不肯再向舟师学习，而且对于汹涌澎湃的江海也掉以轻心，贸然去"椎鼓径进，亟犯大险"，终于使自己舟覆身亡。假若楚人在"小试于洲渚之间"，就遇到风涛之变，则会知难而退，"终身不敢言舟楫矣"，当然也不会"身膏鱼鳖之腹"了。

---

① 《吕祖谦全集》第六册，第196页。

操舟如此，治国又何尝不是如此，同书《楚子问鼎》篇所论即是显例。鲁宣公三年，楚人见周室德衰势穷，"观兵于周疆"，"问鼎之大小轻重"，大有取周以代之意。但由于周使者王孙满善于辞令，楚师为其所动，放弃了原来的企图。这件事从表面上看是极为难得的好事，东莱却认为这是"喜在今日，忧在他日"。他分析道：

> 一夫而抗强敌，一言而排大难，此众人之所喜，而识者之所忧也。楚为封豕长蛇，荐食上国，陈师鞠旅，观兵周郊，问九鼎之轻重，其势岌岌，若岱华嵩岳将覆而未压。王孙满独善为说辞，引天援神，折其狂僭，使楚人卷甲韬戈，逡巡自却。文昭武穆，钟簴不移；浧水雒都，城阙无改。其再造周室之功，实在社稷，是固众人之所同喜也，夫何忧？忧之云者，非忧其一时之功也，喜在今日而忧在他日也。天下之祸不可狃，而幸不可恃。问鼎，大变也，国几亡而祀几绝。王孙满持辩口以御之，所以楚子退听者，亦幸焉耳。周人遂以为强楚之凶焰如是，尚畏吾之文告而不敢前，异日复有跳梁畿甸者，正烦一辩士足矣。是狃寇难为常，而真以三寸舌为可恃也。①

王孙满以辞令退楚师，纯属侥幸，实不可恃。但它造成了周之

---

①《吕祖谦全集》第六册，第544页。

君臣侥幸投机的心理，认为只要凭"一辩士"的"三寸舌"就可以退却强敌了，而"君臣上恬下嬉，奄奄略无立志，……玩于宴安，浸以媮惰"，再也不"怵惕祗畏，怀覆亡之虞"，国势日趋衰颓。一旦秦兵东出，周人"辩不能屈，说不能下"，终于"嗫无所施"，只好"稽首归罪，甘为俘虏"。东莱由此得出了一条发人深省的结论。其《楚屈瑕败蒲骚》云：

> 遇事之易者未足喜，遇事之难者未足忧。盖先遇其易则以易为常，是祸之原也；先遇其难则以难为常，是福之基也。世固有一胜累一国，以一能败一身者矣，岂不甚可畏耶！①

"难"与"易"是相对的，"以难为常"，自强不息，"难"则为"易"；"以易为常"，掉以轻心，"易"则变"难"。这就是历史的辩证法。故东莱指出，作为国家的统治者，应该居安思危。

三、适时与达权

事物是随着时间的运行而变化发展的，故人的行为也必须适应其变化发展而处得其宜，这就是《中庸》所阐明的"时中"之道。东莱在《易说·乾》卦中说："乃无咎者，以其进德修业之及时也。盖进德修业，不可先时，不可后时，须识得时中之

---

①《吕祖谦全集》第六册，第91页。

义。……过中则亢，中不可过，上过五故亢。"①这是说，人的进德修业工夫，既不可超时躐等而进，也不可停止不前，必须按时盈科而后进，才可以"无咎"，亦即获得相应的效果。故《需》卦又云："刚健者多陷溺，盖躁进而不待时故也。惟刚健而有所需，则无陷溺之患矣。"②这里，"需"是等待之意。因为性格刚健之人，多有急于躁进而误入陷溺之患，故应等待适宜的时机行动，才能获得成功。

其实，"时中"与"权"是有相通之处的。"时中"系指适应事物随着时间运行的变化而言，"权"是指应付事物的特殊变故而言，其中都含有"变通"之义。东莱又在《孟子说》中云：

> 盖小人自认无忌惮为中庸。如后世庄、老之徒，亦子莫之学，如说不死不生，如说义利之间，皆是不得时中之义。止于两事中间求其中，如何会识得中？大抵"时中"最难识，故前辈论有长短之中，有轻重之中。……徒知长短之中，而不知轻重之中，则如子莫止于两事间求其所谓中，不知有非仁而仁，非义而义，如何不审轻重？若使"中"有定所，如仁义礼智信，只消按定本去做；惟其无定，此君子所以欲明善。审是"时中"之义，子思发之于《中庸》，如孔子亦未尝不言，如《易》之消息盈虚，《春

---

① 《吕祖谦全集》第二册，第5页。
② 《吕祖谦全集》第二册，第9页。

秋》之褒贬是非，未尝不是"中"。学者能看得《易》与
《春秋》，自然识得"中"。①

东莱认为，孟子所谓子莫之"执中"，就是"止于两事中间求其
中"，既不知事物随着时间运行而变化，也不管事物有偶然特殊
性的变故，只就事物的两端之间进行对半"折中"，这就是执一
不通之论。而真正的"中"，必须根据时间的变化和事物的具体
情况而有所变通。其《书说·洪范》云："后世不识所谓'中'
者，往往于临事之时至于胶固，而不知权。权者，非中之外别
有权也。'未可与权'，是不中也。故孟子曰：'执中无权，犹
执一也。'……中者，天下之大本。……天下之理，圣人与天地
万物为一。所谓'大同'者，无一事之不该，无一理之不顺，
无一处之不合也。"②所谓临事之时"胶固"，就是执一不通而不
知权变之意。临事而要求权变，正在于随时使之合乎中道。

东莱在《左氏博议·宋穆公立殇公》中论述"常"与"奇"
的关系云："盖物反常为怪，地过中为偏。……殊不知道无不
常，亦无不中。传贤之事，自众人视之则以为奇，以为高；自
尧、舜视之则见其常，不见其奇也；见其中，不见其高也。扛
万钧之鼎，乌获以为常，而他人以为勇；游千仞之渊，没人以
为常，而他人以为神。未至尧、舜而窃效焉，是懦夫而举乌获

---

① 《吕祖谦全集》第二册，第209页。

② 《吕祖谦全集》第三册，第233—235页。

之鼎，稚子而入没人之渊也，何往而不败哉！"①乌获、没人分别是古代传说中的大力士与善泅者。这是说尧、舜实行禅让制，传贤不传子，也像乌获举万钧之鼎，没人游千仞之渊一样，在一般人眼中这是"奇"不是"常"，但在尧、舜和乌获、没人看来这是"常"不是"奇"。"常"与"奇"因人之异而发生了转化。所以，人的行为，既应切合本人的身份和能力，又须适应所处的环境和条件，根据具体情况而合乎中庸之道，才能实现预期的效果。

①《吕祖谦全集》第六册，第10页。

东莱《杂说》云："欲穷理而不循理，欲精义而不徙义，欲资深而不习察，吾未知其至也。"[1]只有认真地探索并恰当地遵循义理，才能把握人生的前进方向，从而成就所预期的功业。

一、人性论和理欲观

东莱的理欲观是建立在人性论基础之上的。其《书说·汤诰》云："天之所赋为命，人之所受为性。"[2]在人性论上，东莱继承了孟子的性善说，并辅之以横渠和二程的气质论。其《杂说》云："性本善，但气质有偏，故才与情亦流而偏耳。"[3]人性本善，现实中人性有善恶是源于"气质"的偏失。

关于性与心的关系，其《杂说》云："心犹帝，性犹天。本然者谓之性，主宰者谓之心。工夫须从心上做，故曰'尽其心

---

①《吕祖谦全集》第二册，第262页。

②《吕祖谦全集》第三册，第121页。

③《吕祖谦全集》第二册，第248页。

者知其性'。"①性是本来如此，改动不得；而心是主宰者，所以修养道德的工夫应在心上着力。对于性与情的关系，《杂说》云："情便是性，波便是水。"②这是说，性与情的本质其实同是一物，性受到外物之感动即为情。

他为了解释人性中存在"恶"的现象，即围绕古文《尚书》关于道心与人心的关系展开论述。其《书说·大禹谟》云："人心，私心也，私则胶胶扰扰，自不能安。道心，善心也，乃本然之心，微妙而难见也。此乃心之定体，一则不杂，精则不差，此又下工夫处。既有他定体，又知所用工，然后允能执其中也。"③这是说，道心是善心，是本心，是仁义礼智的道德本体之心；而人心则杂有私意，是掺有气质之偏的"堕于私意人欲中"的私欲之心。在这里，对于道心的理解与朱子一致，而对人心的理解则有所不同。朱子认为人心可善可恶，并非就是人欲，其说似觉较之东莱之说更为合理。

东莱认为，若要消除人心中之私心或人欲，即在于恢复天所赋予的本心之善，而恢复善性以发明善心，也就是"明善"的工夫。其《孟子说》云："盖明善乃理之极，虽尧、舜、禹、汤、文、武、周公、孔子所以相继者，亦不过明善，于明善之外，更无所加损，故曰'不明乎善，不诚乎身矣'。……此所以

①《吕祖谦全集》第二册，第244页。

②《吕祖谦全集》第二册，第250页。

③《吕祖谦全集》第三册，第62页。

要明善，明善要明得尽。"①又云："大凡做事须是拔本塞源，然后为善。"②这是说，明善必须明得彻底，不能留有丝毫私意。《易说·睽》云："大抵父子之恩，天性也；兄弟之义，天伦也；以至夫妇、朋友，莫不有天秩。其恩义交接，固无可疑。苟有刚暴苛察之心，则视之皆为寇雠矣。其所以如此者，特私欲蔽其天理耳。然天理所在，虽以人欲蔽之，其终必还。"③若要恢复被私欲所蔽的天性、天伦、天秩等品德，就需要从事去私欲、还天理的"明善"工夫。

"存天理，灭人欲"是理学家的共同观念。东莱也希望达到"人欲都忘而纯乎天理"的境界，但也阐发了一些新的内容。他对"人欲"的解释，指的是私心、私意、私利、恶念等不正当的思想和欲望，所以他对人的正当的"欲"是肯定的。其《左氏博议·成得臣却献子》云："何人而无欲？"④同书《管仲言宴安》云："君子之耳目口鼻，所欲与人无异也；其爱憎趋避，亦与人无异也。"⑤《晋怀公杀狐突》云："乐也，荣也，安也，人之所同嗜也。"⑥其《史说》云："布帛粟菽，人人所须；泉货金

---

① 《吕祖谦全集》第二册，第191—192页。

② 《吕祖谦全集》第二册，第210页。

③ 《吕祖谦全集》第二册，第94页。

④ 《吕祖谦全集》第六册，第312页。

⑤ 《吕祖谦全集》第六册，第196页。

⑥ 《吕祖谦全集》第六册，第316页。

贝，人人欲用。"①《诗说拾遗》云："《易》曰：'崇高莫大乎富贵'，'圣人之大宝曰位'。圣人未尝以富贵、宝位自嫌，故说时不见有嫌，故自然道得安稳。若后世之人以是自嫌者，宜乎以为可鄙可耻而不敢言也。"②这是说，即如富贵、宝位等可欲之物，只要是正当地获得，都是合乎天理的。因而他的结论是"天理在人欲中，未尝须臾离也"。这说明，不管是圣人还是常人，都有基本的生活需求和欲望，问题在于满足这些需求和欲望的手段是否合乎义理。其《书说·泰誓上》云："盖事不过公私两端，计较利害者私也，称量德义者公也。……大抵公之与私，天理之与人欲，不外于当为与不当为之间。"③东莱认为，以公存心即为天理，以私存心即为人欲，而这也是人所"当为"与"不当为"的分界。这实际上为后来"天理存在于人欲之中"的理欲观开了先河。

二、以义和利的义利观

自董子提出"正其谊不谋其利，明其道不计其功"的义利观，后儒对此多有质疑之说。即如稍晚于东莱的叶水心在其《习学记言》有云："正谊不谋利，明道不计功，初看极好，细看全疏阔。古人以利与人，而不自居其功，故道义光明。既无功利，则道义乃无用之虚语耳。"这是说，"义"当中必须具有

①《吕祖谦全集》第二册，第221页。

②《吕祖谦全集》第二册，第117页。

③《吕祖谦全集》第三册，第199—200页。

实在的功利，才不成其为"虚语"。然而东莱则明确赞同董子的观点。他既不赞同朱、陆之排斥功利，也不赞同龙川、水心之偏重功利，而是主张"以义和利"。这是因为，凡是正当的功利，本已包括在"义"之中，只要说"义"，功利已在其中。然而"义"的涵义较之功利更广，除了包括物质性的正当功利之外，还包括属于精神性的非功利的正义行为，诸如杀身成仁、舍生取义之类。假若"义"当中必须要有实在的功利，那就必将会把这种非功利的正义行为排除在外。例如《左传·宣公四年》载：楚令尹子文之孙"箴尹克黄使于齐，还及宋，闻乱。其人曰：'不可以入矣。'箴尹曰：'弃君之命，独谁受之？君，天也，天可逃乎？'遂归复命，而自拘于司败。王思子文之治楚国也，曰：'子文无后，何以劝善？'使复其所，改命曰生。"对此，东莱在其《左氏博议·楚箴尹克黄不弃君命》中评云：

> 正其义而不谋其利，明其道而不计其功，此吾儒之本指也。自谋利计功之说行，虽古人之事峻厉卓绝，表表然出于常情俗虑之外者，莫不以是心量之，其为害岂浅鲜哉！
>
> 楚之灭若敖氏也，箴尹克黄实其族裔，适出使于齐，幸而漏网。是宜委质诸侯，以逃其死，策无先于此者矣。……箴尹独以君命为重，明知死地而直赴之，非审于义命，一视死生者，岂遽能辨此乎？谋利计功者犹曰："死地乃生地也。若敖既灭，归则死而逃则生，人之所共知也。犯死以复君命，君必以为轻其死而重君命，殆将赦之以劝

事君者，是阳以死结君而阴取生之利也。吾固知死地之为生地也。"呜呼！是说也，乃谋利计功者之心也。……箴尹知有君而不知有己，知就义而不知就生，虽不免于司败之戮，必以死得其所为幸，固瞑目而无憾也。岂预期楚子之宥哉？……

今适会楚子之宽宥，箴尹之心有如白水，固不待辨；彼纷纷谋利计功之徒，以己度箴尹者，殆深可怜也。……然则箴尹之归死，岂求生之计耶？吾故发之以折谋利计功者之说。①

箴尹克黄是楚国令尹子文之孙，在其奉命出使齐国期间，子文之族适罹灭族之祸。箴尹返程至宋国时得知消息，同行者劝他不可再回楚国，而应改适他国以避祸。而箴尹则以国事为重，冒死回国复命，并自动缩绑以受罪。幸而楚王思念其祖子文治楚之功，乃赐名为"生"，并归还其家产。对此，后世"谋利计功"之徒认为箴尹本就预料不一定会死，怀有侥幸之心，才敢冒死回复君命，以求获名之利。然而东莱认为，这种说法是以小人之心度君子之腹。实则箴尹本以君命为重，义不容辞，早已把死生置之度外，即使归而赐死，也必将瞑目而无憾。如果按照谋利计功之徒的思维，"义"之中必须包括实在的功利，那还有谁愿意去干勇于为国牺牲的蠢事？

---

① 《吕祖谦全集》第六册，第549—550页。

东莱《论语说》云："今之学者，有谋利计功之心，凡有所为，必先计较，先欲有得，终无所得。"[1]《左氏博议·子鱼谏宋公围曹》云："功利之说兴，变诈之风起，弃本徇末，忘内事外，竞欲收富强之效于立谈之余，反顾王道，岂不甚迟而可厌哉！"[2]然而，东莱认为"义"与"利"是可以达到统一的。他在《易说·乾》中说："利者，义之和也。老苏之说，不合分利、义为两途。盖义之和处，即是利也，苟有徒义、徒利之辨则非矣。"[3]所谓"利者，义之和"，就是承认"义"与"利"有其一致性，因而不赞成苏洵"分义利为两途"的观点。又在《孟子说》中论"义利"云："人皆说仁义便是利，然不必如此说。只看孟子言'未有仁而遗其亲者也，未有义而后其君者也'，以仁义为天下，何利之足言？当时举天下皆没于利，看孟子此章，剖判如此明白，指示如此端的，扫荡如此洁净，警策如此亲切。当时之病固大，孟子之药，剂量亦大矣。"[4]他还认为，"利"有公、私之分，"公利"与"义"是一致的，"私利"与"义"是有矛盾的。故其《与陈君举》云："公私之辨，尤须精察。"[5]不过他并没有把"公"与"私"截然对立起来，他在《史说》中说："世俗多谓公私不两立，此大不然。所行若合道

---

① 《吕祖谦全集》第二册，第162页。

② 《吕祖谦全集》第六册，第290页。

③ 《吕祖谦全集》第二册，第2页。

④ 《吕祖谦全集》第二册，第173页。

⑤ 《吕祖谦全集》第一册，第464页。

理，则公私两全；否则公私两失。……庶或公不败事，私不伤义，便是忠厚底气象。"①这种"义利相和""公私两全"的观点，就是东莱既不同于朱、陆之排斥功利，也不同于龙川、水心之偏重功利，而具有独立思维的卓越见解，也是既符合儒家义理又切合民生实用的进步思想。

三、注重实践的知行观

东莱的知行观，主张在致知与力行交相发用的基础上，而又更注重实践的发挥。东莱作为一代通儒，自然很重视致知的功用。其《与学者及诸弟》云："学问以致知为本，知不至，则行必不力也。"②然而他又认为致知与力行必须交相并进。其《与朱侍讲》云："所谕致知、克己不可偏，甚善。"③这里"克己"实包括力行而言。显然，东莱很赞同朱子所谕致知与力行必须同时并进而不可偏废之意。其《与邢邦用》云："大抵'论致知则见不可偏，论力行则进当有序'，并味此两言，则无笼统零碎之病矣。"④这是分别阐明致知与力行的方法和次序。

其《杂说》云："致知、力行不是两事，力行亦所以致其知，磨镜所以镜明。"⑤这是说，不仅"行"需要"知"的指导，

①《吕祖谦全集》第二册，第232页。

②《吕祖谦全集》第一册，第504页。

③《吕祖谦全集》第一册，第418页。

④《吕祖谦全集》第一册，第501页。

⑤《吕祖谦全集》第二册，第260页。

而且"力行"也有益于"致知"。故其《与朱侍讲》云："致知、力行，本交相发工夫，初不可偏。学者若有实心，则讲贯玩索，固为进德之要。……默而成之，不言而信，存乎德行，训诱之际，愿常存此意。……如坚确有志，实下工夫者，自当使之剖析毫芒，精讲细论，不可留疑。"①东莱认为，致知与力行交相发用而不可偏废，都是进德之要，然而必须是"坚确有志，实下工夫者"才能有所成就。故又云："虽所闻不敢不尊，而恐闻未必的；所知不敢不行，而恐知未必真。此所以夙夜皇惧而未知所出者也。"②这是说，必须要在具有真知灼见的基础上勇于力行，才能收到实效。

然而，东莱又认为"力行"较之"致知"更难，也更重要。其《周礼说》云："实有诸己谓之德，见诸行事谓之行。"③故其《与戴在伯》云："大抵坐谈常觉从容，临事常觉迫切，乃知学问工夫无穷，当益思所未至也。"④坐谈从容而临事迫切，正见得力行之难，更须实下工夫。其《答潘叔度》云："今当用功者，通其蔽，矫其偏，充其力，详处其龃龉，断截其牵制而已。"⑤这是列举必须实际力行的具体事项。而其《与学者及诸弟》则云："如事亲从兄，处家处众，皆非纸上所可记。此学者正当日夕点

---

① 《吕祖谦全集》第一册，第430页。

② 《吕祖谦全集》第一册，第398页。

③ 《吕祖谦全集》第二册，第140页。

④ 《吕祖谦全集》第一册，第503页。

⑤ 《吕祖谦全集》第一册，第490页。

检，以求长进门路。"①许多齐家、处世之事，并非纸上空谈所能实行，必须随时到实际行动中去践履，才能有所长进。

因此，他在《易说·履》中云："大抵学者践履工夫，须于至难至危之处自试验，过得此处，方始无往不利。若舍至难至危，其它践履不足道也，先难之义也。"②这是说，践履工夫，还须从"至难至危"的环境中去多加锻炼，才能洞察世事，练达人情，以达到学以致用的实效。故其《易说·睽》卦云："大抵直情径行而不失正道为甚易，委曲宛转而不失正道为甚难。……大抵委曲而不失正道，若处和协之时则易，若处睽乖之时，则非刚明之才不可。"③这是说，在通常情况之下实行正道并不困难，而在处于睽乖之时，还须委曲以行正道，则既要具有智慧，又要具有勇气，才能胜任。所以，其《读易纪闻》有云："'君子以果行育德'：果决其所行，养育其明德，二者最难兼。果决者多不能涵养，涵养者多不能果决。殊不知二者本并行而不相悖，果决中自有涵养之理，涵养中自有果决之理。"④学者必须明德与果决兼而有之，才能担当经世致用之重任。

于是，其《易说·乾》有云："圣人始终之学。……此皆致知、力行之所致也，学至于此，可谓尽也。"⑤东莱认为，若要

---

① 《吕祖谦全集》第一册，第509页。

② 《吕祖谦全集》第二册，第14页。

③ 《吕祖谦全集》第二册，第93页。

④ 《吕祖谦全集》第一册，第526页。

⑤ 《吕祖谦全集》第二册，第4页。

致力于圣人始终之学，必须致知与力行交相并进，才能达到其最终的目标。

四、与时俱进的历史观

东莱的历史观，不仅承认自然界有其变化之理，而且肯定人类社会也有其变化之道。其《易说·贲》卦认为，若能懂得这一变化道理，"则在天者可以知时变，在人者可以化成天下也"①。《恒》卦云："'利有攸往'者，乃变通不息之理也，如天地之道，寒往暑来，不已不息，所以为天地之常。……大抵通天下万世常行而无弊者，必正理也。若一时之所尚，一人之所行，则必不能久，故《恒》之亨，利于贞。"②这是说，变通不息，乃是天地之常理，而万世常行而无弊者才是正理。所谓"正理"，就是变化发展的基本规律，故"常行无弊"；而具体事物之理则是随着时代的发展而变通不息的，故"必不能久"。

其《易说》认为，事物总是要变化的，"事极则须有人变，无人变则其势自变"。故历史的向前发展，是一个"有因有革"的过程，其《书说·说命中》云："作事固欲从善，必得时措之宜，则善为有用，否则虽善何补？如贡之法非不善，在夏之时则善，周用之则非所宜矣。故凡举事当从时，以合夫圣人'时中'之道。"③这是说，创立制度必须合乎时措之宜，如贡法在

① 《吕祖谦全集》第二册，第37页。
② 《吕祖谦全集》第二册，第68页。
③ 《吕祖谦全集》第三册，第175页。

夏代施行得很好，但到周代就不合时宜了。

因此，人的思想必须与时俱进。其《蛊》卦云："天下之事，向前则有功，不向前，百年亦只如此，盖往则有功也。"①《临》卦云："天下之事，若不向前，安能成其大？"②这是说，人们如果能顺应历史"向前"的趋势办事，就一定会成就大功。而《书说·舜典》则云："天下之理，不进则退，中间无可立之理。常存奋起之心，所以为生生不穷。日新之道，一止则退。虽极治之时，此意常不可少。推之学者亦然。"③这是说，如果不顺应历史向前的话，不仅不能成就大功，而且还要倒退，其间绝无停止于原地不变之理。

他在《易说·蛊》卦还说："祖宗之意，只欲天下安。我措置得天下安，便是承祖宗之意，不必事事要学也。"④如果事事效法祖宗，就不可能"向前有功"了。故他在《轮对札子》中主张："视前代未备者，固当激励而振起；其远过前代者，尤当爱护而扶持。"对历史上好的东西要继承发扬，但更要爱护和扶持新的东西，至于旧的不适合时势的东西则要"更革"。为此，他批评了"今不如古"的思想，而提倡"达于事变"。其《诗说拾遗》云："常人之情，以谓今之事皆不如古，怀其旧俗而不达于消息盈虚之理，此所谓不达于事变者也。达于事变，则能得

①《吕祖谦全集》第二册，第28页。

②《吕祖谦全集》第二册，第31页。

③《吕祖谦全集》第三册，第44页。

④《吕祖谦全集》第二册，第30页。

时措之宜，方可怀其旧俗。若惟知旧俗之是怀，而不达于事变，则是王莽行井田之类也。"①这是说，"达于事变"，才能"得时措之宜"，也才能分清哪些"旧俗"尚能适应事变的需要，应当加以继承；哪些"旧俗"业已过时，必须加以变革。这样，就不会像"王莽行井田"那样盲目法古了。

五、疑似之间辨异端

东莱在全力传承和弘扬儒家正道的同时，也反对一切异端邪说。不过他反对异端有两条原则。

其一，首先在于阐明吾儒自身的正道，正道既盛，异端自然消衰而无从侵犯。其《与朱侍讲》云："邪说诐行，辞而辟之，诚今日任此道者之责。窃尝谓异端之不息，由正学之不明。此盛彼衰，互相消长，莫若尽力于此。此道光明盛大，则彼之消铄无日矣。……杨、墨肆行，政以吾道之衰耳。……所以为此说者，非欲含糊纵释，黑白不辨，但恐专意外攘，而内修处工夫或少耳。"②又云："今所患者，吾道之未明，而异端则未必如向时之炽然也。"③其《答方教授》云："窃意惇典庸礼，秩然而不可废者，此其伦欤；致知格物，瞭然而不可掩者，此其要欤！未有不知其伦要，而能造其本原者也。本原既造，故小可举大，而宏阔胜大之言不能诱也；近可即远，而荒忽茫昧之说

---

① 《吕祖谦全集》第二册，第113页。

② 《吕祖谦全集》第一册，第401页。

③ 《吕祖谦全集》第一册，第430页。

不能惑也；一可知万，而二本兼爱之学不能入也。"①又《答潘叔度》云："大抵讲论治道，……不当言邪说难胜，但当思正学未明。盖工夫到此，则必有此应，元不在外也。"②

其二，东莱认为，凡明显背离正道的邪说，没有必要与之辩论，只有处于疑似之间的异端才必须明辨清楚。其《与朱侍讲》云："孟子深斥杨、墨，以其似仁义也。同时如唐勒、景差辈，浮词丽语，未尝一言与之辨，岂非与吾道判然不同，不必区区劳颊舌较胜负耶？某氏之于吾道，非杨、墨也，乃唐、景也，似不必深与之辨。"③孟子之所以深斥杨、墨，乃在于杨子"为我"，似义而非义；墨子"兼爱"，似仁而害仁。正因为两者与仁义在于疑似之间，容易混淆视听，故孟子不得不与之辩明。而若唐勒、景差辈纵横家之徒的浮词丽语，离正道甚远，一般士人皆能明辨其非，故不必费辞费力与之辩论。东莱这里所指的"某氏"，大概是暗指当时的佛、道之徒。佛教违背人道伦常，道教空谈神仙符术，有识之士皆知其非。对于当前正道而言，正像唐、景之流而非杨、墨之似，故不值得与之论辩。正如其《孟子说》所云："圣人深明乎疑似之际，故圣贤之辩论，不辨其所不足辨，而力辨其疑似者。"④

---

① 《吕祖谦全集》第一册，第457页。

② 《吕祖谦全集》第一册，第497页。

③ 《吕祖谦全集》第一册，第399页。

④ 《吕祖谦全集》第二册，第214页。

东莱主张，立身以"诚"为基，处世以"恕"为准。"诚"是实现儒家最高宗旨"仁"的基础，"恕"是齐家、待人和处世的原则。东莱将"诚"发展为"实德"，一切求真务实之说皆由此出；将"恕"发展为"宽宏"，一切兼容众说之怀皆由此发。务实而兼容，乃成为东莱独树一帜的人生境界。

一、立诚以克己

《论语》最重"忠信"，《中庸》则概括为"诚"。"诚"的哲学意义为真实，道德意义为诚实。以"诚"待人谓之"忠"，以"诚"立言谓之"信"。"诚"是就存于己者而言，"忠信"是对他人而言。可见"诚"是"忠信"之体，而"忠信"则为"诚"之用。东莱则进而将"诚"与"忠信"概括为"实"，则是兼体用而言。其《易说·咸》卦云："天下之理，有通有塞。以诚相感，无所不通；一或不诚，则虽近而一家，亦闭塞而不通。故交相感，乃亨。"①只有"以诚相感"才能亨通，这是阐明"诚"之功效。其《书说·伊训》云："德者，天地万物所同得实然之理，圣人与天地万物同由之也。此德既懋，则天地万物自然各得其理矣。"②这是将"诚"与"忠信"概括为"实然之理"，而为圣人与天地万物之所同由。而《与陈同甫》云："要须帅之以正，开之以渐，先惇厚笃实，而后辨慧敏锐，则岁晏刈穫，必有倍收。"③这是说，若要弘扬正道，必须先以"惇厚笃实"为基础，然后加以"辨慧敏锐"之才，方能达到预期效果。

因此，东莱认为人之一生，必须祛除不诚之病。其《易说·谦》卦云："人惟中无所有，则必夸人以为有。譬如贫贱者，恐人轻其贫贱，必外以富有自夸；无文学者，恐人轻其无文学，必外以辞采自衒。实有者却不如此。"④《杂说》云："大抵为学，不可令虚声多，实事少。非畏标榜之祸也，当互相激扬之时，本心已不实，学问已无本矣。"⑤深刻地击中了浮夸不实之病。

在道德修养方面，东莱强调反省克己的工夫。其《孟子说》云："圣门之学，皆从自反中来。后世学者，见人不亲、不治、

---

① 《吕祖谦全集》第二册，第63页。

② 《吕祖谦全集》第三册，第126页。

③ 《吕祖谦全集》第一册，第471页。

④ 《吕祖谦全集》第二册，第19页。

⑤ 《吕祖谦全集》第二册，第263页。

不答，只说枉了做许多工夫，或说好人难做，此所以工夫日退一日；圣门之学，见人不亲、不治、不答，反去根源上做工夫，所以日进一日。盖仁者爱之原，敬者礼之原。……凡事有龃龉，行有不得处，尽反求诸己，使表里相应而后可。如一分未尽，便有龃龉；如果然十分正当，天下自然归之。"①这是说，与他人的关系处理不好，不必去怪人家，而是应该反省自己有否尽到"仁"与"敬"。因为爱人者人亦爱之，敬人者人亦敬之，人际关系自然就和谐了。东莱在这方面的言论很多，诸如《与刘衡州》云："行有不得者，当反求诸己。外有龃龉，必内有窒碍。反观内省，皆是进步处，初不敢为时异事殊之说以自恕也。"②《答潘叔度》云："近日思得内外相应，不差毫发，外有龃龉，即内有窒碍。只有'反己'两字，更无别法也。"③《与戴在伯》云："居官临事，外有龃龉，必内有窒碍，盖内外相应，毫发不差，只有'反己'两字，更无别法也。"④以上诸条，都是阐述反省克己之重要。

其实，东莱的反省克己的工夫不仅施于人际关系，而是随时随地加以注意。其《与张荆州》云："朝夕省察，所存者果常不违乎？所感者果皆正乎？日用饮食之间果皆不逾节乎？疏密

---

①《吕祖谦全集》第二册，第190页。

②《吕祖谦全集》第一册，第453页。

③《吕祖谦全集》第一册，第489页。

④《吕祖谦全集》第一册，第503页。

生熟，历历可见。于此实用力焉，工夫自无不进之理。"①又云："从前病痛，良以嗜欲粗薄，故却欠克治经历之功；思虑稍少，故却欠操存澄定之力。积蓄未厚而发用太遽，涵泳不足而谈说有余。"②即此可见他在日常生活中随时随地的反省克己工夫。

克己的内容，即在于克去私心而培养正道。《易说·大壮》云："天地之情，不外乎正，吾能尽克一己之私，以正而大，则天地正大之情，亦不能外也。……天下至难克者莫如己，大抵外物虽至坚，然有力者能克之，惟己之私欲，虽贲、育之勇，克之犹难。……盖务自胜者，乃壮之大也；务胜人者，非圣人之所谓壮也。能于一身上下工夫，最为壮也。"③这是阐述克己工夫之难，非得下刚强的意志和壮大的力度难以奏效。

反省克己的一项重要工夫则是迁善改过。《易说·损益》云："天下最损无如忿与欲，最益则无如迁善改过。"④这是强调迁善改过在道德修养中的重要性。其《恒》卦云："事有未是，则当去之；及到是处，则当守之。故有正者，必当居其正；有其正而不能居，则失其所以为正矣。……天下之事，居得其正，虽终身而不可舍；苟居非其正，虽一朝而不可居。"⑤这是阐明迁善改过的实质，就是去其"非"而守其"是"，舍其"不正"

①《吕祖谦全集》第一册，第395页。

②《吕祖谦全集》第一册，第396页。

③《吕祖谦全集》第二册，第76页。

④《吕祖谦全集》第二册，第101页。

⑤《吕祖谦全集》第二册，第70—71页。

而居其"正"。

　　然而，若要迁善改过，首先必须找到自己的病根；要找到病根，则在于日常的体察。《杂说》云："须是寻病源起处克将去。若强要胜他，克得一件一件来，要紧是观过。人各有偏处，就自己偏处，寻源流下工夫克，只是消磨令尽。……要知病处，须是日用间常体察。"①正因为"人各有偏处"，所以必须针对自己的偏处着实地下工夫。正如《杂说》所云："做事须是着实做。暴戾者必用力于和顺，鄙吝者必用力于宽裕，而后可以言学。学者之患，在于讳过而自足。使其不讳过，不自足，则其成德夫岂易量！"②可见改过之患，全在于"讳过"。

　　还有一种人，虽然心想改过，但又下不了决心。就像《杂说》所云："为学只为放过去多，因举《孟子》攘鸡一段，须是不放过始得。人才说'这次且恁地，后次改'，此等人后次定不会改。"③正因为没有果断地立即改过，一直因循姑息，那就永远也改不了。所以，无论反省克己还是迁善改过，都必须以诚为基础。

二、主敬以涵养

　　内心之"诚"体现在行为态度上则成为"敬"。"敬"也就是专心而认真，所谓"敬业"，就是认真办事之意。东莱认为

---

① 《吕祖谦全集》第二册，第259页。

② 《吕祖谦全集》第二册，第255页。

③ 《吕祖谦全集》第二册，第259页。

"存诚"和"居敬"都是成就本心和仁心的基础性工夫。其《杂说》云："'敬'之一字，乃学者入道之门。敬也者，纯一不杂之谓也。事在此而心在彼，安能体得敬字？"①这与伊川的"主一之谓敬"是一致的。故《杂说》云："以立志为先，以持敬为本。"②在立志的前提下，就得有"敬"的态度。

所谓"涵养须用敬"，就是道德修养的问题。《易说·乾》卦云："敬修于外，而不修于内，此乃巧言令色，非所谓修辞。"③可见"敬"不仅体现在外表，更重要的是体现在内心。

《与学者及诸弟》云："持养察识之功，要当并进，更当于事事物物试验学力，若有窒碍龃龉处，即深求病源所在而锄去之。"④这是说，操持涵养还须与察识的工夫同时并进。故又云："持养之久则气渐和，气和则温裕婉顺，望之者意消忿解，而无招咈取怒之患矣；体察之久，则理渐明，理明则讽导详款，听之者心谕虑移，而无起争见却之患矣。更须参观物理，深察人情，体之以身，揆之以时，则无偏弊之失也。"⑤持养与察识同时并进，自然气和而理明，付诸行动，也就没有偏弊之失了。因而又云："大抵胸次常令安平和豫，则事至应之自皆中节。心

①《吕祖谦全集》第二册，第256页。

②《吕祖谦全集》第二册，第252页。

③《吕祖谦全集》第二册，第4页。

④《吕祖谦全集》第一册，第507页。

⑤《吕祖谦全集》第一册，第506页。

广体胖，百疾俱除，盖养生养心同一法也。"①这是说，主敬而使胸次平和，处事中节，乃是涵养身心和道德品性的最佳法门。

东莱认为，在主敬的前提下，还须主静。《书说·无逸》云："主静则悠远博厚，自强则坚实精明，操存则血气循轨而不乱，收敛则精神内守而不浮。至于俭约克治，去戕贼之累，又不在言。"②可见主静与主敬都是涵养品德的重要方式。

然而，能做到主敬并非易事，其《与朱侍讲》云："主一无适，诚要切工夫。但整顿收敛，则易入于着力；从容涵泳，又多堕于悠悠。勿忘勿助长，信乎其难也。"③主敬的关键在于要做到自然而适中，既不宜太拘谨收敛，也不宜太从容放松，亦即要达到恰到好处的中节程度。这样，才能做到勿忘、勿助而达到"必有事焉"的主敬状态。

三、齐家与处世

儒者之道，治国、平天下必从家族内的亲亲为起点，故"亲亲故尊祖，尊祖故敬宗"成为敦宗睦族之纲领。东莱《家范·宗法》云："人爱其父母，则必推其生我父母者，祖也；又推而上之，求其生我祖者，则又曾祖也。尊其所自来，则敬宗。儒者之道，必始于亲。此非是人安排，盖天之生物，使之一本，天使之也。譬如木根，枝叶繁盛，而所本者只是一根。如异端

①《吕祖谦全集》第一册，第507页。

②《吕祖谦全集》第三册，第326页。

③《吕祖谦全集》第一册，第409页。

爱无差等，只是二本，皆是汗漫意思。"①所谓"一本""二本"，就是儒家之"仁"与墨家之"兼爱"的根本区别。东莱在这里论证了儒家的合乎情理之"仁"的正确性。

东莱认为，齐家的纲领就是"孝友"。其《与潘侍郎》云："大抵培养孝友，根基深厚，爱既笃则虑自周，几微萌芽，一一自见，恳恻劝导，盖有不能已者。"又云："盖孝子仁人，必诚必信，不敢有一毫不尽者，惟在乎此。"②此谓孝友还须有诚信为根基，方能尽其天伦之情。

东莱又认为，齐家之道在于"正伦理，笃恩义"。其《易说·家人》云："伊川云'正伦理，笃恩义'，此两句最当看。常人多以伦理为两事，殊不知父子有亲，夫妇有别，所谓伦也；能正其伦，则道之表里已在矣。常人多以用私为恩，施公为义，殊不知能恩其所恩，即是义也。若'正''笃'二字，尤当玩味。盖伦理在彼，正之在我；恩义在彼，笃之在我。伦理初未尝乱，人自不正耳；恩义本未尝亏，人自不笃耳。若看得'正''笃'两字，可与论学矣。……正不独身而能及人，则家道成矣。"③这也就是"正家之本，在正其身"④也。

东莱还认为，兄弟与妻孥间的和乐是相通的。其《诗说拾遗》云："大抵为家之道，兄弟不和，妻孥亦不乐；乐妻孥，和

---

① 《吕祖谦全集》第一册，第284页。

② 《吕祖谦全集》第一册，第454—455页。

③ 《吕祖谦全集》第二册，第87页。

④ 《吕祖谦全集》第二册，第88页。

兄弟，固一事也。"①

不仅家庭成员间的和乐相通，而且齐家与治国、平天下之道也是相通的。其《杂说》云："今人须是就治家上理会，这里不治，如何是为学？尧称舜，让以天下，如何止说'刑于二女'？四岳举舜，不及其他，止言'克谐以孝'。若是今人，须说舜有经纶大业，济世安民之事。'钦哉'两字最要看，看得这个，便见得'天命'二字不易。"②无论是尧称舜或四岳举舜，都不像今人那样大谈"舜有经纶大业，济世安民之事"，而是只着眼于"刑于二女"和"克谐以孝"。也就是说，平治天下的才德，即可在处理家庭间的夫妇关系和父子关系中体现出来。这有力地论证了《大学》齐家、治国、平天下的一贯之道。

关于人生处世之道，东莱在其《史说》中说："大凡人处心，贤者敬之，不肖者怜之，庸常者容之，如此便好。孔子曰：'老者安之，朋友信之，少者怀之。'此三句，抑见圣人广大气象，又如何有可厌可弃之人？盖四海之内皆兄弟，何尝有内外？人人有此心，和气自然薰蒸，太平丰年之气自此感格。"③儒家之"仁"，虽然对于全人类同出于"爱"，却有亲疏、贤愚之别。亲疏之别就是以家庭为起点扩充推广到全人类，而贤愚之别则就是"贤者敬之，不肖者怜之，庸常者容之"，亦即《论语》所谓"泛爱众，而亲仁"也。

①《吕祖谦全集》第二册，第123页。

②《吕祖谦全集》第二册，第260页。

③《吕祖谦全集》第二册，第224页。

关于人际关系与交友之道，则在于辨明君子与小人。《史说》云："大抵人之交际，最要看一个虚与实。……若交际之间，始若淡薄无味，然其气味却长；始若亲暱，其终必不久。……平日所敬畏之人，终必有益。"①这也就是俗语所谓"君子之交淡如水，小人之交甘如醴"也。

对于不同观点之人，东莱主张以和而不同、求同存异的方式加以处理。其《易说·睽》卦云："天下事有万不同，然以理观之则未尝异。君子须当于异中而求同，则见天下之事本未尝异。……君子须是得'同而异'之理，方可以尽《睽》之义。然《象》言'天地睽而其事同，男女睽而其志通，万物睽而其事类'。……盖圣人使人于同之中观其异，异之中观其同，非知道者不足识此。"②东莱正是以这种"求同存异"的方式协调不同学派之间的关系，以维护不同观点之间正常的学术交流，推动学术的正常发展。

东莱《与潘侍郎》云："人情、法意、经旨本是一理，岂有人情、法意皆安，反不合经旨者耶？"③人情本乎天理，法律则必须合乎情理，而六经之旨则在于反映天理、人情和法制之精义，这就是东莱通经明道之学的本旨。

---

① 《吕祖谦全集》第二册，第227页。

② 《吕祖谦全集》第二册，第92页。

③ 《吕祖谦全集》第一册，第456页。

第三章 治学教育之方

东莱一生主要从事治学、著述和教育事业，积累了不少治学和教育的理论垂训和实践经验，可供有志于从学、从教之士以及有关教育部门之借鉴。

东莱治学，既善于独立思考以致力于博学精思，又乐于师友之间互相探讨以理解其微言疑义，并以兼容众说的气度而博取众长，从而形成独树一帜而自成系统的教学思想体系。

一、博学精思

当时的理学家，大都重经而轻文史，独有东莱经史文艺并重，故其治学之博、覃思之精，可谓首冠群贤。兹举数例以见一斑。

东莱在其《读易记闻》中，发表了不少独到的见解。例如对于《乾》卦"九三"爻，他提出了如下看法：

> 《乾》"九三"，在下体之上，未离乎下而尊显，最是危惧难处之地。故以乾乾兢惕始能无咎。且就学者分上言之，在流俗之中，德行学业在众人之上，则忌疾者多，非十分戒惧，岂能免祸？只为未离得流俗，而名出流俗之上，

所以招忌疾也。若是道尊德重，已离流俗，则流俗自不敢忌疾，亦不须戒惧。（若已离得下体，则为"九四"，其繇云："或跃在渊，无咎。"盖此爻已出下体之外，亦如学者跃出流俗之外，与流俗不相关，无缘忌疾，自然安稳，不须戒惧。渊，龙之所安也。）①

东莱认为，凡是一个人，其本身尚处在下层社会之中，而其德行学业之名已经高出乎下层社会之上，这是最受人谤议和妒忌的时候，必须特别加以小心谨慎。反观现实社会，确实有这种情况：对于没有地位的有德名人则横加非议，而对身居高位者的言论就会过于盲从。这从另一角度也可以得出这样的结论：作为学者评价事物，应该超越流俗对于地位的偏见，才能得出正确的结论。又如对于《坤》卦"初六"爻，他提出了这样的理解：

"履霜坚冰至，盖言顺也。"大抵恶念恶事，最不可顺他。譬如忿怒若顺将去，必至于杀人；饮酒若顺将去，必至于沉湎。②

他把深奥的易理与社会现实中的立身处世之道联系起来加以考

---

① 《吕祖谦全集》第一册，第519页。
② 《吕祖谦全集》第一册，第523页。

虑，即此可见其治学务实的精神。

　　他在《春秋讲义》中对"郑伯克段于鄢"的《春秋》笔法是这样理解的：

> 　　兄弟，天伦也。管叔之诛，周公之不幸也。史序其事曰"乃致辟管叔于商"，一语而三致意焉。"辟"之为言，法也，王法之所当加也。周公以王法讨叛臣，周公不幸适尸其责，本非兄弟之相戕者也。而其辞犹始以"乃"，而继以"致"，重之惜之，忧之难之，徘徊犹豫不忍之意，恻然见于言外。此固天理人情之极也。郑伯养成叔段之恶，纳之于诛，芟锄剪伐，略无一毫顾惜。《春秋》因其情而书之曰"郑伯克段于鄢"。得隽则谓之"克"，胜敌则谓之"克"，兄弟干戈相寻，人伦之大恶，国家之大辱，此何事而言"克"乎！郑伯泯灭民彝，视其弟如戎狄寇雠，剿除荡覆，不遗余力，此《春秋》所以因其情而命之以"克"也。①

　　周公诛管叔与郑伯克段，从表面上看，似乎都是兄弟相戕之事，然而"周公以王法讨叛臣"，故史家以"乃致"二字来体现其出于不得已之情；"郑伯养成叔段之恶，纳之于诛"，故《春秋》以"克"字来体现其兄弟相戕之大恶。所以，东莱认为《春秋》

---

①《吕祖谦全集》第一册，第549页。

的褒贬笔削，都是切近人情的。

又如在《诗说拾遗》中，也有很多精辟的见解。如云："诗者，人之性情而已，必先得诗人之心，然后玩之易入"；"《诗》三百篇，大要近人情而已"；"看《诗》且须咏讽，此最治心之法"；"看《诗》者，欲惩穿凿之弊，只以平易观之；若有意要平易，便不平易"；等等。如论《关雎》云："看《诗》须是以情体之，如看《关雎》诗，须识得正心，一毫过之，便是私心。如'窈窕淑女，寤寐求之'，此乐也，过之则为淫；'求之不得，展转反侧'，此哀也，过之则为伤。天生烝民，有物必有则，自有准则在人心，不可过也"①。他论《诗》，既从人之性情出发，又要主张保持适中之度以处得其宜为准，如此认识，最合儒家论《诗》之道。

东莱在研经之外，亦兼治史。其《史说》论史体云："大抵史有二体，编年之体始于左氏，纪传之体始于司马迁。……然编年与纪传互有得失。论一时之事，纪传不如编年；论一人之得失，编年不如纪传。要之，二者皆不可废。"②他专门写有《读史纲目》，作为自己治史的纲领和方法。起首即论读史的方法道：

　　读史先看"统体"，合一代纲纪、风俗、消长、治乱观

———————————

① 上引均见《吕祖谦全集》第二册，第112—113页。
② 《吕祖谦全集》第二册，第218页。

之。如秦之暴虐，汉之宽大，皆其统体也（其偏胜及流弊处皆当深考）。复须识一君之统体，如文帝之宽，宣帝之严之类。统体盖谓大纲，如一代统体在宽，虽有一两君稍严，不害其为宽；一君统体在严，虽有一两事稍宽，不害其为严。读史自以意会之可也。至于战国、三分之时，既有天下之统体，复有一国之统体，观之亦如前例。大要先识天下统体，然后就其中看一国之统体；先识一代统体，然后就其中看一君之统体。二者常相关也。

既识"统体"，须看"机括"。国之所以兴、所以衰，事之所以成、所以败，人之所以邪、所以正，于几微萌芽时察其所以然，是谓"机括"。

读史既不可随其成败以为是非，又不可轻立意见易出议论，须揆之以理，体之以身，平心熟看，参会积累，经历谙练，然后时势、事情渐可识别。[1]

这一读史的总方法，确实是东莱的治史经验之谈。又《史说》云："观史当如身在其中，见事之利害，时之祸患，必掩卷自思，使我遇此等事，当作如何处之。如此观史，学问亦可以进，知识亦可以高，方为有益。"[2]由此可见，东莱治史的内容既非常广泛，又极其精细；其目的则绝非为读史而读史，而全在于

---

[1]《吕祖谦全集》第一册，第561页。

[2]《吕祖谦全集》第二册，第218页。

学以致用。其中明显贯穿着求真务实的精神。

东莱对做学问的要求极严。其《与学者及诸弟》云："凡做工夫，皆宜精思深体，不可略认得而遂止也。"①这是要求做学问要深入细致而有恒心。其《易说·乾》卦云："凡人之为学者，若自以为安且足，则终不可以求进。惟君子自处于不安，……是以德可进，业可修。"②这是说做学问不宜自足，否则不可能进步。《礼记说》云："圣贤千言万句，会其有极，归其有极，皆在乎致知。致知是见得此理，于视听言动、起居食息、父子夫妇之间，深察其所以然；识其所以然，便当敬以守之。""《大学》致知，《中庸》明善。"③这是说，做学问要与现实生活联系起来，以明白其所以然之理，然后认真付诸实践。

在著书立说方面，东莱主张以明理为目的而立论。其《左氏博议·王伐郑》云："君子之论事，必使事为吾用，而不使吾为事所用。……所贵乎立论者，盖欲发未明之理，非徒议已见之迹也。……众人徒知是事，而君子独知事外之理焉。……大抵论事之体，与叙事之体不同。叙事者载其实，论事者推其理。……故善论者，事随于论；不善论者，论随于事。善论者，事资于论；不善论者，论资于事：苟论资于事，是论反为事之累也，尚何以操笔为哉！"④东莱认为，自己著书立说的目的，

---

① 《吕祖谦全集》第一册，第505页。

② 《吕祖谦全集》第二册，第3页。

③ 《吕祖谦全集》第二册，第153页。

④ 《吕祖谦全集》第六册，第37—39页。

并非"徒议已见之迹"，而是要进而"欲发未明之理"。所以，东莱所作的议论，往往具有超越常人的卓识。

二、师友探讨

东莱治学，善于与众多师友之间进行广泛探讨。其中与朱子和张南轩讨论较多，兹举数例以见其意。

在《易》学上，东莱和朱子、张南轩都是推崇程氏《易传》的义理派《易》学大师。故东莱集众家之说作《系辞精义》，南轩也作《系辞说》，都有上继伊川、续补程《传》的用意。朱子早年也曾用王弼本的"今易"编次撰写《易传》，直到后期才用东莱所考定的"古易"编次而作《周易本义》。他们之间曾有较多的讨论。

在《礼》学上，东莱早在任严州州学教授时，即编有《阃范》一书，并由张南轩为之作序。后来在与朱子同张南轩往返讨论交流之后，又一次修订了《祭礼》，并与《丧葬礼》都已收入《吕氏家范》之中。其后朱子撰写《家礼》一书，就是以《吕氏家范》为基础的。

关于《中庸》，东莱与朱子之间曾经展开过讨论。朱子曾将所撰《中庸集解》寄给东莱进行商讨。东莱就写了《中庸集解质疑》，与之进行反复论辩。朱子认为："伊川先生云：'大本言其体，达道言其用。'体用自殊，安得不为二乎？学者须是于未发、已发之际，识得一一分明，然后可以言体用一源处。"然而东莱不同意这一解释，他说：

自其天地之位而以"中"言之，自其万物之育而以"和"言之，区别固未有害也。深观其所从来，则天地之所以位，万物之所以育，盖有不可析者。子思曰："致中和，天地位焉，万物育焉。"龟山曰："中，故天地位焉；和，故万物育焉。"参观二者之论，则气象自可见矣。①

其实，"中"与"和"分别作为"大本"与"达道"，其间既有区别，又有联系。杨龟山与朱子偏重两者之间的区别方面立论，而东莱则偏重两者之间的联系方面立论，两说都有道理，但又都有不足；若将两说加以综合，方为全面。此外，朱子还提出不少问题向东莱请教，例如朱子问："'修道之谓教'，'自明诚谓之教'，两'教'字同否？其说如何？明道、伊川说'修道'自不同，吕、杨、游氏皆附明道说，古注亦然。但下文不相属，又与'明诚'处不相贯，不知如何？"对此，东莱回答道：

"修道之谓教"，设教者也；"自明诚谓之教"，由教以成者也。"教"字本同，但所从言之异耳。天下皆不失其性，则教不必设，道不必修；惟自诚明者不能人人而然，故为此修道、设教，然后人始得由此教，故自明而至于诚

---

① 《吕祖谦全集》第一册，第592页。

也。使道之不修，设教有所偏，则由教者亦必有所差，安能自明而至于诚乎？二程诸家修道之说，或主乎设教，或主乎为此而设教（如言"已失其本性，故修而求复之"，此言为此而设教），其归趣则一而已。[①]

东莱认为，设教之"教"与由教以成之"教"是有区别的。因为假如人人具备"自诚明"之"性"，那就既不必设教，也无须修道，人人自然都是圣贤了；正因为天命之"性"也有气质上的差距，才需要用"自明诚"之"教"来修道。又如朱子还问："'中和'之'中'与'中庸'之'中'有同异否？《遗书》十八卷所谓'中之道'与'在中'之义何别？"东莱答道：

> "中和"之"中"，以人言也（"喜怒哀乐之未发"，就人上说）；"中庸"之"中"，以理言也（统论中之道）。《遗书》所论"在中"之义，盖当"喜怒哀乐之未发"，此时则"在中"也。[②]

东莱还针对朱子的《中庸集解》提了不少中肯的意见。朱子还把重定的《中庸》新本章次，同东莱和南轩进行过讨论，争论的焦点在第二十章上。朱子根据《孔子家语》把前人分为六章

---

① 《吕祖谦全集》第一册，第594页。
② 《吕祖谦全集》第一册，第594页。

的一大段合并为一章，补了"公曰"以下几句，遭到南轩的反对，却得到东莱的赞同。后来，朱子又把新修定的《大学章句》和《中庸章句》寄给了东莱和南轩。由于新定的《大学章句》和《中庸章句》采纳了东莱的不少意见，所以较之早年所写的《大学集解》和《中庸集解》更为全面而精当，因而也获得了东莱的认同。

关于《论语》，东莱与朱子、南轩之间作了较多的探讨与交流。例如对于"子在川上"章，朱子颇有疑义，问东莱道："'子在川上'，范内翰记程子之言，指此逝者为道体，龟山以不逝者为道体，同异如何？"东莱答道：

> 龟山之论，疑未完粹。"维天之命，於穆不已"，贞也，所谓道体也。若曰知逝者如斯，则知有不逝者异乎此，是犹曰"不已"者如斯，则知有贞者异乎此，其可乎？①

东莱认为，事物的运动变化本身就是道体，而世上本来就没有绝对不动的事物。这一理解是非常正确而深刻的。又如对于"朝闻道"章，南轩认为："闻道则不忍斯须而离于道，安常顺理，虽夕死可矣。"而东莱则提出了不同的见解：

> 伊川曰："人不可以不知道，苟得闻道，虽死可也。"

---

① 《吕祖谦全集》第一册，第593页。

辞义最完。若谓"安常顺理，虽夕死可矣"，闻道者固如此，但于文义为不协，似是"惩艾异端，了此一大事"之说，故发此义。然深味伊川之语，自与异端惊怪超悟之论判然不同，自不必惩艾也。[1]

又如对于"夫子之言性与天道"章，南轩认为："曰性又曰天道者，兼体用、合天人而明之也。"而东莱则认为：

> 自人言之则曰"性"，自理言之则曰"天道"，天人本无二。然有鼓万物而不与圣人同忧者焉，所以合天人两明之也。谓之"兼体用"，则未安。以性为体，而以天道为用，可乎？[2]

即此可见，东莱与朋友之间关于经义的探讨，可谓缜密精细，一字不肯放过。乾道七年（1171），朱子又吸取同东莱、南轩等人反复讨论的成果，将以前所写的《论语要义》作了一次全面修订。

在《孟子》学上，东莱与南轩作了较多的讨论。如对于"大人不失赤子之心"章，南轩认为："'大人'，能反之者也，所谓'自明而诚'者也；若夫上智生知之'圣'，则赤子之心元

---

[1]《吕祖谦全集》第一册，第599页。
[2]《吕祖谦全集》第一册，第600页。

不丧失，所谓'自诚而明'者也。"而东莱则提出了不同的看法：

> "大"与"圣"对言之，则有等级。若曰"大人与天地合其德，与日月合其明"，则非圣人莫能与此。盖自"充实""辉光"以上，皆可通谓之"大人"也。谓之"不失赤子之心"，则"反之而不失"者与"元不丧失"者皆可包矣，恐不必区别。[1]

东莱和南轩还都曾帮助朱子全面修订《孟子集解》。乾道八年正月，朱子把业已修订的《孟子集解》与《论语要义》合并为一书，取名《论孟精义》，在建阳刻板行世。朱子的《大学集解》《中庸集解》和《论孟精义》三书的修订成功，为他后来进一步撰写《四书集注》打下了坚实的基础，而其中也包含东莱和南轩等朋友的不少贡献。

东莱与朱子之间，影响最大的分歧突出地表现在《诗》学讨论上。朱子据《毛序》之说作《诗集解》，几经修改后，开始暴露了他同东莱、南轩在《诗》学上的分歧。南轩作有《诗说》，东莱作有《吕氏家塾读诗记》。他们三人虽然在主《毛序》说上仍然一致，但是东莱依然遵循汉儒毛郑的训诂之学，南轩则推重宋儒二程、张、杨等理学家的义理之说，而朱子则

---

[1]《吕祖谦全集》第一册，第601页。

就经文探求本意，自创新解。朱子的解《诗》方法招致了南轩的不满。然而正是这种舍传就经、据经解经的方法，才把朱子引向对《毛序》的怀疑和否定，建立起自己的《诗》学体系。淳熙六年（1179）冬，朱子把完全突破《毛序》藩篱的《诗集传》初稿寄给东莱。于是，废《毛序》还是主《毛序》成了朱、吕《诗》学争论的焦点。这使谨守《毛序》壁垒的东莱在回信中对朱子进行了前所未有的激烈批评。他在《又诗说辨疑》中说：

> "思无邪"，"放郑声"，区区朴直之见，只守此两句，纵有它说，所不敢从也。……宋玉《登徒子赋》用《遵大路》之语，《左传》韩起解《褰裳》之义，均为它书之引《诗》者也，皆非诗之本说也。今《集传》一则采之，一则以断章而弃之，无乃犹以同异为取舍乎？此却须深加省察，若措之事业如此，则甚害事也。或喜渔仲（郑樵）之说方锐，乞且留此纸，数年之后试取一观之，恐或有可采耳。[1]

东莱的批评并没有说服朱子。朱子反而更充满自信地对《诗集传》进行了全面的修改。后来直到淳熙十一年才定稿。然而到那时，东莱已经看不到了。

后来朱子为《吕氏家塾读诗记》作序云："方将相与反复其

---

[1]《吕祖谦全集》第一册，第598页。

说，以求真是之归，而伯恭父已下世矣。"可见两人在《诗》学方面的分歧一直没有达成一致。今从东莱的《吕氏家塾读诗记》与朱子的《诗集传》两部《诗》学名著的内容看来，前者是对《诗》学旧说的全面总结，而后者则是对《诗》学新说的大胆开拓。两书观点不同，然而各有千秋。

在史学著作方面，东莱与朱子、南轩也有较多的交流。东莱著有《左传类编》《左氏传说》《通鉴节要》，朱子著有《通鉴纲目》，南轩著有《通鉴论笃》，三人在史学上也形成鼎立之势。朱子曾向东莱提出共同编史的设想，终因两人史学观点相距太大未能合作成。他们在史学上的分歧主要在于：朱、张着重于从发明微言大义的书法方面下工夫，而东莱则着重于国计民生的社会现实方面作考虑。其间分歧较大，故而很难合作。然而在修养论上，南轩向东莱提出"收敛操存，公平体察"的观点，东莱表示欣然接受；南轩则曾向东莱请教治史，东莱竭诚答云："观史先自《书》始，然后次及《左氏》《通鉴》，欲其体统源流相承接耳。"①很明显，这是东莱的治史经验之谈。

又《与朱侍讲》云："先入之说，非敢固执，但意有未安，要须反复讲论，至释然无疑而后止。如孔门之问仁智，至于再三往复，昔人为学，大抵皆然。盖主于求益，而非立论也。"②这是说，治学不可为先入之说所左右，只要还有疑问，必须反

①《吕祖谦全集》第一册，第395页。
②《吕祖谦全集》第一册，第405页。

复讲论，直到释然无疑为止。

东莱不仅认为在朋友之间的交流有益于学，而且认为在师生之间的学问授受之际也有教学相长之效。其《书说·说命下》云："如师弟子之间，师有成就学者之心，学者有承受教诲之质，故谓之'交修'，言教者与学者互相发明，诚意相接也。"①"大抵教人与受教者，其功各半。师举一隅，学者当以三隅自反；师告诸往，学者当以来者自悟。圣人之教人，引而不发，上一半固赖提指之助，下一半必自用工可也。自古圣贤著书垂谟，载之方册，其教止及于半。其工夫之半，学者必自加讲求之功。"②而其《易说·兑》卦则云："讲习之益，朝夕相处，不惟切磋琢磨之际有益也，其意气相浃洽，如两泽相并，浸润渐渍，虽不言之中而更相感发者，固多矣。不惟就问能者然后有益，虽不能者问于我，亦可因以自觉，无非有益于我者也。"③这是说，不仅我问能者才对我有益，即使是不能者问于我，也可以促使我加以思考，对我也未尝无益。这其实是发挥了孔子"三人我师"之意。因而《孟子说》云："盖人本一般，只是有通不通，若教得彼通，未必不反通于我，非特有益于人，亦于己有益。"④只要双方加以沟通，对彼此都有益。

此外，东莱与当时的各派各学者之间都有广泛的学术交流，

①《吕祖谦全集》第三册，第179页。

②《吕祖谦全集》第三册，第181页。

③《吕祖谦全集》第二册，第107页。

④《吕祖谦全集》第二册，第194页。

互相受益，共同提高。即此可见，东莱在推动学术发展中所作出的巨大贡献。

三、博取众长

在治学方面，东莱明确提出了求同存异、博采众长的态度。他从"和而不同"的兼容观点出发，认为在学术问题上应该具备求同存异的度量。这是因为他已经认识到，世界上学术观点完全一致的情况是不存在的，即使彼此意气相投，学术见解相当接近的人，也总有许多不一致的地方。其《杂说》云："人之相与，虽道合志同之至，亦不能无异同。且如一身早间思量事，及少间思之，便觉有未尽处。"即以同一人而言，早上考虑的问题，过一会再考虑时便觉得"有未尽处"，需要加以修正，何况是不同的人呢？故"道合志同之至"也总有分歧。学者对于不同的学术观点不能只凭个人的好恶决定向背取舍，否则就开阔不了眼界。所以，东莱主张学者应专心致志于治学，而反对学派之间无谓的论争。

东莱之所以能与一些观点不同的学者互相提出一些颇为中肯的批评意见，这是因为其不拘门户之见。正由于他能平和地对待各种学术观点，因而他在学术界有着广泛的联系。为此，朱子批评他"驳杂不纯"，而东莱则认为能否与众多意见不合者相处平和，实际是检验自己学力的一种方法。其《易说·兑》卦云："今之学者，唯其不专意于讲习，故群居相与，多至于争是非、较胜负。使其一意讲习，则我见处众之可乐，而不见其多事矣。学者欲自验为学之进否，观其处众之乐与否可也。"①
意思是说，大凡与人争论不休，固执是非胜负，因而不能与众
人很好地相处的，都是没有把心思放在对学问的探求之上的缘
故。这不仅影响学问之"进"，而且会影响个人道德的升华。因
为一个人如果能与众人很好地相处，其本身就是一件"可乐"
之事，并体现了其宽阔的胸怀。

东莱在反对学派之间争论的同时，还进而提倡学者对于不
同的学术观点要广泛接触交流。他认为只与自己意见相同的人
交往，而拒绝与不同观点的人交流，是不利于自身学术水平提
高的。其《与刘衡州》云："近日思得吾侪所以不进者，只缘多
喜与同臭味者处，殊欠泛观广接，故于物情事理多所不察，而
根本渗漏处，往往鲁莽不见，要须力去此病乃可。"②他将学业
"不进"的原因，归结为"多喜与同臭味者处，殊欠泛观广
接"，是有道理的。故他坚决反对"道不同不相知"的观点，认
为这样做"诚未允当"，未免"颇乏广大温润气象"③。基于这
种认识，他才超越了当时诸家，使自己的学术兼取众长，形成
了博大宏富之学术体系。这种对待各学派以泛观广接的态度，
无疑是很值得今人发扬光大的。

在著书立说方面，东莱亦采取广纳众说的方式。如所著
《吕氏家塾读诗记》三十二卷，汇集毛、郑以来八十多家《诗》

---

① 《吕祖谦全集》第二册，第107页。

② 《东莱吕太史别集》卷八。

③ 《吕祖谦全集》第一册，第397页。

说，存其名氏；先列训诂，后陈诗义；剪裁贯穿，如出一手；己意有所发明，则别出之。朱子为之作《序》，谓其"兼总众说，巨细不遗，挈领提纲，首尾该贯，既足以息夫同异之争；而其述作之体，则虽融会通彻浑然若出于一家之言；而一字之训、一事之义，亦未尝不谨其说之所自；及其断以己意，虽或超然出于前人意虑之表，而谦让退托，未尝敢有轻议前人之心也"。其书持论公允、通达，择善而从，并不碍于成说或偏见，总的特点是"兼总众说，巨细不遗，挈领提纲，首尾该贯"，这也突出地反映出东莱学术上博采兼综、不存门户之见的风格。

正因为东莱能博采众家之说，故而与同代其他思想家相比，其学术思想显得"驳杂而不纯"。其实，朱子谓其既能"兼总众说"，又能"首尾该贯，浑然若出一家之言"，这正是东莱治学的最大特色。当然，东莱对各家之说所以采取兼容并蓄的方针，并非无原则的，而主要是企图汲取各家学说中的合理因素，构成自己的理论体系，以从事经世致用而达到国泰民安的目标。

对于东莱重视治经致用的学术志趣，全谢山评云："考当时之为经制者，无若永嘉诸子，其于东莱、同甫皆互相讨论，臭味契合，东莱尤能并包一切。"这里，谢山又揭示了东莱"并包一切"的学术特性。东莱以"性命之学"调和朱陆，体现了吕学作为理学的基本特性；但吕学又能并包"经制""事功"，从而逾越了理学域界。故朱子以不满意的口吻评论道："其学合陈君举、陈同甫二人之学而一之。永嘉之学，理会制度，偏考其小小者，唯君举为有所第。……同甫则谈论古今，说王说霸。

伯恭则兼君举、同甫之所长。"朱子"兼君举、同甫之所长"的评价，实际上非常精当地揭示了东莱之学的特性，就是一方面它有机地汲取各家各派具有特色的思想，"并包一切"之"所长"，从而形成了具有极大包容性和丰富性的思想体系；而另一方面，其"所长"的具体内容和特性就在于对现实社会稳定和发展的实际作用，体现了"修己以安百姓"之"仁"的最高境界。

本来，东莱有一个长远的由博返约的治学计划。他曾在给丞相周必大的信中透露过自己一生中的治学步骤："意欲及筋骸尚未衰惫，考治训诂，极意翻阅；至五十以后乃稍稍趋约，庶几不至躐等也。"[1]这说明，他本就打算在五十岁之前以博学为主，到五十岁以后才进一步从事由博返约的工夫。可见他去世之时尚处在尽力从事"考治训诂，极意翻阅"的以"博学"为主的知识积累阶段，远未进入"稍稍趋约"的"由博返约"的贯通提炼阶段。正因为如此，他的学问尚未免给人以"博杂"之感。尽管东莱业已取得如此巨大的成就，但从他所具有的潜力而言，由于天年不足，还远远未达到他本应达到的高度。假如说，东莱也能像朱子那样享有高年，那就毫无疑问，他的水平和成就必将不可限量！

---

[1]《吕祖谦全集》第一册，第444页。

东莱先后在武义的明招书院和金华的丽泽书院从事教学，远近四方前来求学者多达数百人，培养了不少德才兼备的有用人才。其中的许多教学理论与经验，很值得研究与取法。

一、制定规约

东莱于乾道四年（1168）九月在武义明招山讲学时所订的《规约》中，明确规定有如下内容：

第一条："凡预此集者，以孝、悌、忠、信为本。其不顺于父母，不友于兄弟，不睦于宗族，不诚于朋友，言行相反，文过遂非者，不在此位。"这是入学的根本条件，也是教学的宗旨。

第二条："凡预此集者，闻善相告，闻过相警，患难相恤，游居必以齿，相呼不以丈，不以爵，不以尔汝。"此条规定同学之间的关系。

第三条："会讲之容端而肃，群居之容和而庄。"并注明：

"箕踞、跛倚、喧哗、拥并谓之不肃；狎侮、戏谑，谓之不庄。"这是强调在仪态上应做到端庄温和。

第四条："旧所从师，岁时往来，道路相遇，无废旧礼。"这是倡导师生关系理应永久保持，不能因为撤学或转学而改变。

第五条："毋得品藻长上优劣，訾毁外人文字。"这是倡导对长辈或外人都必须互相尊重，保持和谐的关系。

第六条："郡邑政事，乡闾人物，称善不称恶。"这是教导学生应发扬隐恶扬善的美德，与政府、乡里处理好关系。

第七条："毋得干谒、投献、请托。"严禁学生办事拉关系、走后门等歪门邪道。这条是对上条的制约，说明处理好关系并非无原则的。

第八条："毋得互相品题，高自标置，妄分清浊。"这是严禁学生互相吹捧，拉帮结派。

第九条："语毋亵，毋谀，毋妄，毋杂。"并注明："妄语非特以虚为实，如期约不信，出言不情，增加、张大之类皆是；杂语凡无益之谈皆是。"这是强调说话必须正派、自尊、诚信、有益。

第十条："毋狎非类。"并注明："亲戚故旧或非士类，情礼自不可废，但不当狎昵。"这是告诫学生不宜亲近邪恶小人。

第十一条："毋亲鄙事。"并注明："如赌博、斗殴、蹴踘、笼养、扑鹑、酤饮酒肆、赴试代笔，及自投两副卷、阅非僻文字之类，其余自可类推。"这是严禁学生去做有害、损人、不正当、不道德的各种行为。

以上规约，确实是很有针对性的，即使在今天看来，仍不失其现实意义。到了乾道五年在金华丽泽书院办学时，他在《规约》中又增加了几条内容：

其一是："凡与此学者，以讲求经旨、明理躬行为本。"这条分明是对旧《规约》第一条教育宗旨的补充。确定"讲求经旨"为学习的内容，而其目的则在于"明理"以及"躬行""孝、悌、忠、信"等实践，强调理论与实践的结合。教学宗旨显得更为明确而全面。

其二是："肄业当有常，日记所习于簿，多寡随意，如遇有干辍业，亦书于簿。"这是鼓励读书必须持之以恒。东莱曾在《杂说》中指出："看书须存长久心。"就是此意。

其三是："凡有所疑，专置册记录，同志异时相会，各出所习及所疑，互相商榷。"东莱很重视同学之间"反复论难"对于破疑的作用，认为这样可以集思广益，相互取长补短。这确实是有效的治学之道。

其四是："怠惰苟且，虽漫应课程，而全疏略无叙者，同志共摈之。"怠惰是读书人的大敌，所谓"书山有路勤为径"是也。

其五是："不修士检，乡论不齿者，同志共摈之。"这是勉励学生应做一个品行高尚的人。

其六是："同志迁居，移书相报。"这是为同学之间便于长期联系着想，可谓考虑得非常周到。

东莱在这两项《规约》中，就提出了明确的教学宗旨。这就是：以"孝弟忠信"为本，以"讲求经旨"为教学内容，以"明理躬行"为教学目的。也就是说，教学是以"孝弟忠信"的素质为基础，用"讲求经旨"的方式以达到"明理"，然后反过来再以所"明"之"理"去指导"躬行"人伦道德和立身处世之实践，从而强调了理论与实践的结合。

后来东莱在任太学博士时，写了一道《太学策问》，向诸生这样提问道：

宪虞、夏、商、周之典而建学，合朔、越、楚、蜀之士而群居，上非特为饰治之具，下非借为干泽之地也。所以讲实理、育实材而求实用也。

盖尝论：立心不实，为学者百病之源。操管而试，负墙而问，布席而议；学则宗孔孟，治则主尧舜；论入德，则曰致知格物；论保民，则曰发政施仁；论律身，则曰孝弟忠信；论范防，则曰礼义廉耻。笔于书、发于口，非不郁郁乎可观矣。迫而索之，则或冥然而昧也；叩而穷之，则或枵然而虚也。意者，骛于言而未尝从事所以言者耶？……今日所与诸君共订者，将各发身之所实然者，以求实理之所在，夫岂角词章、博诵说、事无用之文哉！

孰不言圣学之当明也，其各指实见，志何所期，力何所用，毋徒袭先儒之遗言；孰不言王道之当修也，其各条实事，何者为纲，何者为目，毋徒作书生之陈语。佛、老，乱真者也，勿徒曰"清虚寂灭"，盍的言其乱真者，畴深畴浅；申、韩，害正者也，勿徒曰"刑名术数"，盍确论其害正者，畴亡畴存。……至于为学者之通病，论治者之通弊，安得不同去而共察之耶？孟子、告子之不动心，自今观之，固异也，使未闻所以异之答，能辨其异乎？禹、稷、颜子之事业，自今观之，固同也，使未闻"易地皆然"之语，能识其同乎？荀况、扬雄、王通、韩愈皆尝言学矣，试实剖其是非；贾谊、董仲舒、崔寔、仲长统皆尝言治矣，试实评其中否。

凡此数端，具以质言，实相讲磨，以仰称夫明天子教养之实德。乃若意尚奇而不求其安，辩尚胜而不求其是，论尚新而不求其常，辞尚异而不求其达，则非有司之所敢闻。①

东莱这道《策问》，更进而总结为"讲实理、育实材而求实用"的教育方针。"讲实理"是其教育指导思想，"育实材"是其培养目标，"求实用"是其治学态度和目的，而其基本精神就在于务实。继而提出"立心不实，为学者百病之源"的观点，从反面说明务实之重要；并强调不仅要"骛于言"，而且更应"从事所以言"，要求诸生必须"各发身之所实然者，以求实理之所在"，而不要用"角词章、博诵说、事无用之文"来应付了事。然后提出了一连串的问题以供诸生之解答，其问题的涉及面非

---

① 《吕祖谦全集》第一册，第84页。

常广泛而深刻。诸如：如何明圣学，如何修王道；在异端方面，有佛、老、申、韩之异同；在修养上，孟子与告子何以形似而实异；在事业上，禹、稷、颜子何以迹异而道同；在论学上，则有荀、扬、王、韩之别；在言治上，则有贾、董、崔、仲之殊。所有这些问题，都要求诸生"具以质言，实相讲磨"，于以合乎"明天子教养之实德"。最后还特别告诫诸生，切忌用"意尚奇而不求其安，辩尚胜而不求其是，论尚新而不求其常，辞尚异而不求其达"等只求标新立异、猎奇求胜而无所取义的文章来希冀侥幸之成。作为太学教官的东莱，这道《策问》非常明确地贯串了他一生所坚持的教育思想。以上论述中一连串所提出的实心、实德、实理、实材、实用、实事、笃实等，无不集中体现了东莱之学的务实精神。这一教育方针显然是在明招和丽泽两处讲学过程中总结出来的心得体会，并成为其所开创的以求真务实为特色之"婺学"的重要组成部分。

二、讲求实学

东莱的教育观重在塑造和培养当时社会所需要的人才。他在《周礼说》中首先强调"德"的教育，提倡"教以三德、三行以立其根本"[①]；然后又特别强调要广泛学习一切有利于治国理政的实际知识，培养相关才干技能。在学习儒家经典，通达

---

① 《吕祖谦全集》第二册，第141页，下同。三德：至德以为道本，敏德以为行本，孝德以知逆恶；三行：孝行以亲父母，友行以尊贤良，顺行以事师长。

儒家义理的基础上，必须重视掌握治理国家的实际能力，包括一系列具体的治国方略："又须教以国政，使之通达治体。古之公卿，皆是从幼时便教养之，以为异日之用。今日之子弟，即他日之公卿。故国政之有中者，则教之以为法；不幸而国政之或失，则教之以为戒。又教之以如何整救，如何措画，使之洞晓国家之本末源委，然后用之他日，皆良公卿也。……然又须知上之人所以教子弟，虽将以为他日之用，而子弟之学，则非以希用也。盖人生天地间，岂可不尽知天地间事？"①其《杂说》云："为学须是以圣人为准的，步步踏实地，所以谓'学不躐等'。"②可见东莱的教学思想在本质上就是教以实学。故在实施教学方面，东莱提出了讲求实学的治学原则。

首先，东莱认为，读书教学必先存心、治心。其《杂说》云："善学者之于心，治其乱，收其放，明其蔽，安其危；守之必严，执之必定。少息而纵之，则存者亡矣。"③这一理论，显然是对孟子所谓"学问之道无他，求放心而已"的进一步发挥。又云："看书须存长久心。"④所谓"长久心"，也就是"恒心"。故其《易说·恒》卦云："大抵立天下之功，必悠久胶固，然后能成；若振动躁扰，暂作易辍，安能成功？"⑤要想"立天下之

---

① 《吕祖谦全集》第二册，第141页。

② 《吕祖谦全集》第二册，第259页。

③ 《吕祖谦全集》第二册，第263页。

④ 《吕祖谦全集》第二册，第253页。

⑤ 《吕祖谦全集》第二册，第71页。

功"就必须持之以恒，读书学习也要做到"悠久胶固"才会有进步。所以他规定学生要"肄业有常，日记所习于簿"。他还认为，读书既要有一股韧劲，还要有一股锐气。《杂说》云："大抵人之为学，须是一鼓作气，才有间断，便非学矣。所谓再而衰也。"①所以"学者最不可悠悠"，即使天资聪颖的人也不可"怠惰苟且"。为此他规定要将"徒恃资质"，而"漫应课程"，"疏略无叙者"开除学籍。

其次，东莱认为，为学最宜谦虚，而不宜"讳过自足"。其《易说·复》卦云："未满而有增，既满则招损而亡，尚安能复增乎？"为了防止自满，他在《礼记说》中从"学"与"教"两方面进行阐发：

> "学，然后知不足；教，然后知困。知不足，然后能自反也；知困，然后能自强也。"人皆病学者自以为是，但恐其未尝学耳；使其果用力于学，则必将自进之不足，而何敢自是哉？……不能自反、自强，皆非真知者也。②

大凡自以为是的往往是一些没有真才实学的人；而凡是好向别人炫耀自己才能的人，一般也是没有学问的人。正如同书《易说·谦》卦所云："人惟中无所有，则必夸人以为有……无文学

---

① 《吕祖谦全集》第二册，第257页。

② 《吕祖谦全集》第二册，第151页。

者，恐人轻其无文学，必外以辞采自衒，实有者却不如此。"①

其三，东莱主张治学要勇于存疑。其《杂说》云："读书无疑，但是不曾理会。"所以他认为治学不可有"成心"，故又云："学者不进则已，欲进之则不可有成心，有成心则不可与进乎道矣。故成心存，则自处以不疑；成心亡，然后知所疑矣。小疑必小进，大疑必大进。盖疑者，不安于故而进于新者也。"②只有消除了"成心"，才能对书产生疑点，不囿其所说，然后破疑解惑而有所进步。然而，治学又必须要有独立的见解，敢于跳出前人之窠臼。其《易说·随》卦云："今之为学，自初至长，多随所习熟者为之，皆不出窠臼外。唯出窠臼外，然后有功。"③故东莱十分重视"反复论难"对于破疑的作用。他在《学规》中规定学生"凡有所疑，专置册记录，同志异时相合，各出所习及所疑，互相商榷"。"反复论难"以集思广益，相互取长补短，乃是有效的治学之道。

其四，东莱强调治学贵在多加体会以知其所以然。其《杂说》云："夫人之作文既工矣，必知所以工；处事既当矣，必知所以当；为政既善矣，必知其所以为善。苟不知其所以然，则虽一时之偶中，安知他时之不失哉？"其《礼记说》亦云："大抵古人一事一物之微，莫不欲知其所由来，为学欲至于贤圣，

---

① 《吕祖谦全集》第二册，第19页。

② 《吕祖谦全集》第二册，第241、258页。

③ 《吕祖谦全集》第二册，第24页。

岂可不知其本始？"①这里所谓"所由来""本始"，亦即指隐藏在事物深层的所以然而言。

东莱之所谓"讲求经旨，明理躬行"的教育宗旨，与胡瑗的"明体达用"之旨完全一致，而与朱子提出的"穷天理，明人伦，讲圣言，通世务"的教育思想也有相通之处。其与朱子稍有不同的是，东莱在本体论上明显具有心学倾向，反映到教育思想上就是主张以"存养此心"和"立实心"作为学习伦理道德的先决条件。其《与朱侍讲》云："学者若有实心，则讲贯玩索，固为进德之要。"②《太学策问》云："立心不实，为学者百病之源。"③东莱认为，如果"心"立得不坚实，而只是在口头上"讲贯玩索"，是无法"进德"的。因此学者不应该专尚"口耳"，而应立足于"存养此心"和"立实心"。然而，东莱虽然重视"心"的作用，却又不同于陆象山的心学。陆象山轻视"教"的作用，主张无师自通的"悟"；而东莱则最重视"教"对学者成才所起的作用。其《与邢邦用》云："讲贯诵绎，乃百代为学通法，学者缘此支离泛滥，自是人病，非是法病。见此而欲尽废之，正是因噎废食。"④东莱认为，读书而成支离之病，乃是人的不善学之过，而非读书本身之过。这显然是针对象山不重读书之弊而言。后来他在《与学者及诸弟》论

---

① 《吕祖谦全集》第二册，第149页。

② 《吕祖谦全集》第一册，第430页。

③ 《吕祖谦全集》第一册，第84页。

④ 《吕祖谦全集》第一册，第500页。

及教育的重要性，还把振兴教育同"拯救衰世""雪耻图强"联系起来。他说："时事所以艰难，风俗所以浇薄，推其病源，皆由讲学不明之故。"①这是说，若要扭转时事艰难、风俗浇薄的局面，必须大力加强教育。显然，这较之象山的观点要显得合理而全面。

由于他治学向以严谨著称，且不囿于门户之见，因而"四方之士"慕名前来师从其学。即如后来竟连朱子之子和张南轩之女也都曾先后前来投其门下，可见他在教学方面的影响之大。

三、造就实材

根据明招《规约》以"孝悌忠信"为本，"讲求经旨"以"明理躬行"，以及《太学策问》所提出的"讲实理，育实材而求实用"的教学方针，东莱在教学上致力于造就德才兼备的有用人才。

首先，东莱从务实的精神出发，认为对于有志于学的人来说，最根本的问题在于要具备"忠信"的素质，故坚持以"德教为本"。其《易说·乾》卦云："大抵为学之道，当先立其根本。忠信乃实德也，有此实德，则可以进德修业；根本不立，则德终不可进，业终不可修。"②一个人如果缺少忠信，即使学到一些才干也派不上多大用场，一到紧急关头就会畏缩不前。

---

① 《吕祖谦全集》第一册，第505页。

② 《吕祖谦全集》第二册，第4页。

特别是功成名就之后，其所考虑的主要是自己的身家性命和官位爵禄，而将国计民生的根本利益置于脑后。并认为官场上之所以出现"高爵重禄，一得所欲，畏缩求全，惟欲脱去，无复始来之慷慨"的情况，就在于这些人缺少"忠信"。所以在《规约》的第一条即规定"以孝悌忠信为本"。

他从经世致用的务实精神出发，力倡学者必须具备"惇厚笃实"的学风。故又云："大抵为学，不可令虚声多，实事少。非畏标榜之祸也，当互相激扬之时，本心已不实，学问已无本矣。"[1]学者之所以不要贪图虚名声，而要真正潜心于学问，就在于唯有如此，才能使自己的功力扎实，可以学到经世致用的真本领。这一观点，与永嘉、永康学派讲求"名务其实"的学风颇为一致。

其次，在于"讲求经旨"以"明理"，而"明理"的精神则在于"讲实理"。他在《礼记说》中对讲求圣学的目的作了这样的解释："不能择乎中庸而守之，便是纳诸罟擭陷阱之中而莫知辟也。盖不入此，必入彼也。且如行道，若知此是坦途，决然自此行去；若稍有坎坷崎岖处，必不肯行。况明知罟擭陷阱之害乎！所以莫知辟者，只是见之未明耳；若见之果明，不待劝勉而自行坦途矣。圣贤亦只是从安稳处行而已。"[2]这就是说，人们之所以不能遵从中庸之道行动，主要是因为不知道中庸的

---

① 《吕祖谦全集》第二册，第263页。

② 《吕祖谦全集》第二册，第152页。

高明所在，才误入"罟擭陷阱"的。讲圣学的目的，就是为了帮助人们对伦理道德从"见之不明"到"见之果明"，分清"坦途"和"罟擭陷阱"的区别，从而使他们沿着人生的"坦途"前进。从"见之不明"到"见之果明"，就是"明理"的过程。

其三，则在于"明理"以"躬行"，亦即在于"育实材而求实用"。他在《礼记说》中又指出："圣贤千言万句，会其有极，归其有极，皆在乎致知。致知是见得此理，于视听言动、起居食息、父子夫妇之间，深察其所以然，识其所以然，便当敬以守之。"①东莱认为，圣贤们教育人们的准则就是体察日常言行和"父子夫妇"之间的人伦道德之"所以然"，以便让人们"敬以守之"。所谓"识其所以然"就是"明理"，而"敬以守之"就是"躬行"。"明理"的目的即在于"躬行"。

其四，从教育方法上说，东莱主张因材施教。其《与朱侍讲》云："某窃谓学者气质各有利钝，工夫各有浅深，要是不可限以一律，政须随根性、识时节，箴之中其病，发之当其可，乃善。固有恐其无所向望而先示以蹊径者，亦有必待其愤悱而后启之者，全在斟酌也。"②教育必须根据各人的气质而有所不同。

东莱规定身体力行人伦道德乃是学习的根本任务。并认为进行道德教育，仅仅在书本上探索是不够的，最重要的是在日

---

① 《吕祖谦全集》第二册，第153页。

② 《吕祖谦全集》第一册，第417页。

常生活中认真践履。其《与学者及诸弟》云："如事亲、从兄，处家、处众，皆非纸上所可记。此学者正当日夕检点，以求长进门路。"①这就是说，对于人伦道德的践履，不是纸上功课所能代替得了的。只有"日夕检点"地去"躬行"，才能有所长进。他在《杂说》中更明确指出，读书当求实用："百工治器，必贵于有用。器而不可用，工弗为也；学而无所用，学将何为也邪？"②他认为，读圣贤之经典，尤以能用于事为贵。故又云："今人读书，全不作有用看。且如人二三十年读圣人书，及一旦遇事，便与间巷人无异。"③读书而不能躬行，又有何益！

其五，东莱从"育实材而求实用"的教育方针出发，主张德才并重。东莱虽然注重德行，强调"德教为本"，但并不轻视"才能"，并认为道德不能代替"才能"，如果一个人只有"道德"而无"才能"，对于国计民生也起不到多大作用。必须是既有道德又有才能的德才兼备者才是有益于国计民生的有用之人。

由是观之，东莱的教育方针的核心便是"实"。他要求学生们务必探求实理，务必重视实践，务必切于实用，务必追求实效。他谆谆告诫学生："学者以务实躬行为本，语言枝叶，政自不急耳。""切要工夫，莫如就实。深体力行，乃知此二字甚难而有味。"显然，这里东莱所强调的一切学者学问所要重视和追求的就是实理、实材、实用、实事，就是"务实躬行""深体力

---

① 《吕祖谦全集》第一册，第509页。

② 《吕祖谦全集》第二册，第263页。

③ 《吕祖谦全集》第二册，第254页。

行""贵于有用"和黜"虚"崇"实"。这些珍贵的思想观点，本质上包括了后世明末清初实学的基本内容。因此，在一定意义上也可以说，东莱是"实学"思潮的重要奠基人，只是当时没有形成一股普遍的思潮而已。

东莱在讲学时既解经也讲史；既阐发义理，也传授作文之法；而且还进而亲手编定《古文关键》和撰写《左氏博议》等专供学习作文的教材。这在理学家中可谓是非常难能可贵的。

一、讲授经史

在宋代的其他理学家中，大都抱有重经轻史和重道轻文的倾向。然而东莱却不同，他在具体的教学实践中体现了经史并重和文道并重的态度。他在讲学时既解经也讲史；既阐发义理，也传授作文之法。

东莱教学的内容主要是儒家经典"五经"和《论语》《孟子》，以及《史记》《资治通鉴》等各种史籍，体现了经史并重的特色。这些经、史虽然都有现成书籍可资讲解，但东莱讲学并不受书籍所囿，常常提出自己独到的见解而随时加以引申和发挥。往往能引人入胜，吸引住学生们的兴趣，使之听而不厌。关于这些授课内容，弟子们都作了记录，而成《丽泽论说集录》

十卷。

东莱教学的一项重要特色是经史并重。他认为，深入了解历史，其实际的功效是全方位的，无论对于个人品德的提升，还是对于社会风气的改善，抑或对于国家政治的治理，都具有十分重要的作用。他之所以重视历史，实际上是重视当下实际的政治，治史不是为治史而治史，而是为了服务现实政治。因此，他不仅自己治经史以致用，而且在其教育思想中力主学以致用的实践性教育观，提出了内容丰富的实事实功论。

东莱教学内容的另一项更为突出的特色则是"文道并重"。尽管《规约》规定教学的宗旨是"讲求经旨，明理躬行"，而且在前来求学的学生中也确实有一部分是抱定这一宗旨而来的，但是也不容讳言，其中大部分人是为了科举应试、求取功名而前来求学的。其实，即使从有志于"躬行"圣人的治国、平天下之大道而言，在当时的形势下，也不得不先从科举应试起步。所以，东莱虽然反对科举中的一些弊端，但并不从根本上反对科举，而且在其教学中对于科举应试还是非常重视的。然而，科举应试的关键在于能写好应试的文章，所以，东莱也不得不考虑这方面的讲授问题。本来，专供学习作文的现成教材也很多，诸如《昭明文选》《古文苑》和《文苑英华》之类，都是当时士人所熟习的诗文选集。然而问题在于，这些文章虽然都是古人的名篇，却并非专为应试而作；即使其注释，也是多从训诂的角度出发，无非注一些音义、名物、典故之类，而对于文章本身的作法却缺少揭示。然而，写应试文章最重要的就是文章的写法。为了弥补教学需要中的这一不足，东莱乃开始亲自动手编写这方面的教材。编写教材主要有两种形式，一是编辑古人的现成内容，二是自己撰写新的内容。前者主要有《古文关键》和《诗律武库》等，后者主要有《东莱左氏博议》之作。

二、选编《古文关键》

东莱先从编辑古文开始。他在唐宋名家中精心选定韩愈文十三篇，柳宗元文八篇，欧阳修文十一篇，苏洵文六篇，苏轼文十四篇，苏辙文二篇，曾巩文四篇，张耒文二篇，凡六十篇，编为二卷，取名《古文关键》。各篇标举其命意、布局之处，指示学者以欣赏文章和写作文章的门径，故谓之"关键"。因为此书的选批议论，系专为门生学文而编，故卷首冠以《总论》，通论"看文"和"作文"等关键问题。

在《总论》中，首先在《看文字法》中提出了欣赏文章的方法。他说："学文须熟看韩、柳、欧、苏。先见文字体式，然后遍考古人用意下句处。"东莱认为，欣赏文章必须抓住大纲，分清层次。他说："第一看大概主张，第二看气势规模，第三看纲目关键，第四看警策句法。"

东莱还进而提出，各家文章都有其不同的特色，故读者也应从不同角度加以欣赏。因而提出了欣赏和学习各家文章的不同方法。他认为，韩文源本于经，故其特色为"简古"，而学韩文之"简古"，不可不学他的法度，"徒简古而乏法度，则朴而不华"。柳文出于《国语》，故其特色在于能掌握"关键"，议论文字亦能"反复"，学柳文"要学他好处，要戒他雄辩"。欧文祖述韩子，而其特色则为"平淡"，议论文字最能"反复"，学欧文之"平淡"，不可不学他的渊源（韩文），"徒平淡而无渊源，则枯而不振"。苏文出于《战国策》《史记》，故其特色为有"波澜"，亦得"关键"之法，学苏文"当戒他不纯处"，而且，"苏文当用其意；若用其文，恐易厌，盖近世多读"。此外，东莱又认为，曾文专学欧，但比欧文"露筋骨"；苏辙之文则太"拘执"；王安石文的特色为"纯洁"，但"学王不成，遂无气焰"；李廌之文太"烦"，亦"粗"；秦观之文，"知常而不知变"；张耒之文，"知变而不知常"；晁补之之文则太"粗率"。而秦、张、晁三人都是学苏的。

其次，他在《论作文法》中提出了作文的方法："文字，一篇之中须有数行齐整处，须有数行不齐整处；或缓或急，或显或晦，缓急、显晦相间，使人不知其为缓急、显晦；常使经纬相通，有一脉过接乎其间也，盖有形者纲目，无形者血脉也。"作文还必须达到如下的要求："笔健而不粗，意深而不晦；句新而不怪，语新而不狂；常中有变，正中有奇；题常则意新，意常则语新；结前生后，曲折斡旋；转换有力，反复操纵；有用文字，议论文字，为文之妙，在叙事状情；辞源浩渺，不失之冗；意思新转处，多则不缓。"所以，作文必须善于处理诸如"上下，离合，聚散，前后，迟速，左右，远近，彼我，一二，次第，本末"等相反相成的关系。文章还应分别具有"明白，整齐，紧切，得当，流转，丰润，精妙，端洁，清新，简肃，清快，雅健，立意，简短，闳大，雄壮，清劲，华丽，缜密，典严"等各种不同特色和风格。

最后，东莱还在《论文字病》中强调作文必须避免各种弊病，诸如"深，晦，怪，冗，弱，涩，虚，直，疏，碎，缓，暗；尘俗，熟烂，轻易，排事；说不透，意未尽，泛而不切"；等等。这些确实是很切合实际的学文方法。

然后，他把《总论》中提出的这些作文方法，分别标注于所选的各篇文章的必要之处，随时加以指点，以便读者有效地进行欣赏与学习。《古文关键》编成之后，在作文教学中确实收到了很好的效果。因为这确实是一部很好的学文教材，所以不仅当时深受弟子们的欢迎，而且还广为流传。

纵观东莱在《古文关键》中所提出的论文观点，既能博采众长，又能避其所短，虽然也有个别地方杂有理学家的偏见，如他提出学柳文"要戒他雄辩"，学苏文"当戒他不纯处"之类，但绝大部分都是非常精辟的见解，很值得深思与学习。

此外，东莱还编有《诗律武库》前、后集共三十卷。其书征引故实，分类辑录，大抵习见之事，为供家塾课徒学诗而作。此书有人疑其伪托，认为不是东莱所编，然而诸家书目则多为宋刊本，故以存疑，不作详论。

三、撰写《左氏博议》

教材中最重要的，当推东莱亲自撰写的《东莱左氏博议》一书。因为《古文关键》虽然解决了起、承、转、合之类的文章作法问题，但作为学习应试文章的范文而言，仍有其严重的不足之处。这是因为，科举应试之文主要是以儒家经典命题的，文章必须以阐发经旨为任务；即使是"策问""应对"之类，也是根据当时的政治需要而命题，故必须讲究文章切合题旨的方法。而《古文关键》所选虽系唐宋名篇，在文章的行文结构上确有其典型性，但因并非专为应试而作，所以在阐发经义和切合题旨上，未免有所不足。因此，东莱认为有必要再写一部将阐发经义与文章作法融为一体的教材。

于是，东莱决定以《春秋左传》的内容命题来撰写文章，写一部适合于学习应试文章的教材。他乃充分利用讲课之余的时间认真撰写，终于写成了一百六十八篇，编为二十五卷，取名《东莱左氏博议》，亦名《东莱博议》或《左氏博议》。其中每篇文章都以《左传》所载史实为题，发挥其哲学、伦理、政治之观点，以作为诸生课试学习之范文。其《自序》谓"《左氏博议》者，为诸生课试之作也"。又谓"凡《春秋》经旨概不敢僭论，而枝辞赘喻，则举予所以资课试者也"。今本《东莱博议》每题之下附载《左传》，中间征引典故，亦略为注释。其注不知何人所作，考《宋史·艺文志》有东莱门人张成招标注《左氏博议纲目》一卷，疑为当时书肆以成招标注散入各篇而成。

《东莱博议》之书，本系为诸生应试学习作文技巧而写的范文，其格式于时文为近，所以广泛地运用了立意、布局、修辞、炼句等各方面的艺术技巧，因而乃成为历代传诵的作文范本。

兹特选录第一篇《郑庄公共叔段》全文为例，以供读者欣赏，使读者可从鼎鼐之中试尝一脔，得以领略东莱的行文风格：

钓者负鱼，鱼何负于钓？猎者负兽，兽何负于猎？庄公负叔段，叔段何负于庄公？且为钓饵以诱鱼者，钓也；为陷阱以诱兽者，猎也。不责钓者，而责鱼之吞饵；不责猎者，而责兽之投阱，天下宁有是耶？

庄公雄猜阴狠，视同气如寇雠，而欲必致之死，故匿其机而使之狃，纵其欲而使之放，养其恶而使之成。甲兵之强，卒乘之富，庄公之钓饵也；百雉之城，两鄙之地，庄公之陷阱也。彼叔段之冥顽不灵，鱼尔，兽尔，岂有见钓饵而不吞，过陷阱而不投者哉！导之以逆，而反诛其逆；教之以叛，而反讨其叛。庄公之用心亦险矣！

庄公之心，以谓亟治之，则其恶未显，人心不服；缓治之，则其恶已暴，人必无辞。其始不问者，盖将多叔段之罪而毙之也。殊不知叔段之恶日长，而庄公之恶与之俱长；叔段之罪日深，而庄公之罪与之俱深。人徒见庄公欲杀一叔段而已，吾独以为封京之后，伐鄢之前，其处心积虑，曷尝须臾而忘叔段哉？苟兴一念，是杀一弟也；苟兴百念，是杀百弟也。庄公之罪，顾不大于叔段耶？

吾尝反复考之，然后知庄公之心，天下之至险也。祭仲之徒不识其机，反谏其都城过制，不知庄公正欲其过制；谏其厚将得众，不知庄公正欲其得众。是举朝之卿大夫皆堕其计中矣。郑之诗人不识其机，反刺其不胜其母以害其弟，不知庄公正欲得不胜其母之名；刺其小不忍以致大乱，不知庄公正欲得小不忍之名。是举国之人皆堕其计中矣。

庄公之机心犹未已也。鲁隐之十一年，庄公封许叔，而曰："寡人有弟，不能和协，而使糊其口于四方，其况能久有许乎！"其为此言，是庄公欲以欺天下也。鲁庄之十六年，郑公父定叔出奔卫，三年而复之，曰："不可使共叔无后于郑。"则共叔有后于郑旧矣，段之有后，是庄公欲以欺后世也。既欺其朝，又欺其国，又欺其天下，又欺后世。噫嘻！发发乎险哉，庄公之心欤！

将欲欺人，必先欺其心。庄公徒喜人之受吾欺者多，而不知吾自欺其心者亦多。受欺之害，身害也；欺人之害，心害也。哀莫大于心死，而身死次之。受欺者，身虽害，于心自若；彼欺人者，身虽得志，其心固已斲丧无余矣。在彼者所丧甚轻，在此者所丧甚重，是钓者之自吞钓饵，猎者之自投陷阱也。非天下之至拙者，讵至此乎？故吾始以庄公为天下之至险，终以庄公为天下之至拙。[1]

据《左传》所载，庄公蓄意养成其弟叔段之恶，然后以罪诛之。故这篇文章，起手即用比喻排列三语，然后用喻意、正意夹行，逼出庄公是一险人。继而推开四层，用四"正欲"字，两"庄

---

[1]《吕祖谦全集》第一册，第2—4页。

公欲"三字，应前三"使之"字，起伏收放，各极其法。至尾取喻意作收，断出庄公至拙，屹然而止，有山回海立之势。然以平心而论，叔段恃宠骄横，擅取国邑，兴兵作乱，欲夺君位，亦未尝无罪。全文不责叔段而重责庄公，若从义理上说，似乎未为公允；然而出于行文所需，层层驳入，使得庄公无可逃罪，方见运思之妙。全文极力运用了比喻、排比和层递等多种修辞方法，引人入胜，曲尽其妙。意虽未必尽当，而文章机轴，卓然一家。不过，证之圣人严责贤者之意，乃以叔段冥顽不灵而不足深责，仍然深合《春秋》诛心之法。

《东莱左氏博议》的内容非常丰富。东莱作为一代理学大家，其文并非完全是从行文技巧方面下工夫，其中还贯穿有东莱的关于哲学、伦理、政治、经济、史学等各方面的思想。是一部熔阐发经义、通贯理学、切合题旨、文章作法等多种功能于一炉的论文专集。故作为学生学习作文时的范文而广为流传。

总的看来，东莱的治学和讲学之道似乎可以概括为如下特色：其一，在宗旨和效果上，讲求务实；其二，在所学和所教的内容上，提倡经史并重、文道并重和道艺并重；其三，在不同观点之间，主张兼容博取。显然，这些治学和讲学的特色，也为形成自己的学派特色定下了基调。

第四章

经世致治之术

东莱之学本乎经世致用之旨，故在政治上和经济上都提出过一些精辟的见解。如在政治上非常重视为君之道和君臣相得之道，并针对孝宗专断独裁之要害而提出为治之大原；在经济上提出"取民有制"和"本末并举"的主张；尤其是针对宋代重文治轻武绩之积弊而提出文武并重之策。皆不失为适时务实的治本之论。

东莱的《书说·大禹谟》云："欲为君，尽君道；欲为臣，尽臣道。……君克艰君之事，臣克艰臣之事，思不出其位也。君不尽君道而下行臣事，君职必亏，非所谓'艰厥后'也；臣不尽臣道而上僭君事，臣职必亏，非所谓'艰厥臣'也。君臣各尽其职，政何由而不乂？"[1]这是阐述君臣分职、各尽其道之义。

一、为君之道

东莱认为，天下能达到大治的根本条件，在于君明臣贤，以及君臣之间的和谐关系。其中君主肩负着天下治乱兴衰的主要责任，故东莱很重视为君之道，并主张应以尧舜为榜样。其《书说·尧典》云："以命羲、和一节观之，《尧典》舍此，他无所为。尧果无为，独此一命而已乎？盖职在羲、和，乃命者

---

[1]《吕祖谦全集》第三册，第52页。

在尧，虽羲、和为之，而实尧为之，则知尧尽君道，无为之中，而有有为者存焉。"①又云："天运之变也，尧未尝亲一事，任俊德与羲、和而已。尧所职者，'克明'与'乃命'，可以观人君之道焉。"②这是说，据《尚书·尧典》所载，帝尧除了自身修德和授命羲、和二氏考定天文历法而外，其他并无作为。这说明尧的职务就在于任官授命而已，而具体工作则全由羲、和等臣下去完成。

同书又云："尧既已闻舜之贤，四岳又已述其至孝之实，尧复曰'我其试哉'，非有疑也。其意以谓天下者，天下之天下也。今欲以天下而付之人，审重之意自不可不尽，见尧'有天下而不与'也。……四岳之举舜，指家庭之事而言之；尧之试舜，亦于家庭之事而观之。可以见'身修而后家齐，家齐而后国治，国治而后天下平'之理。"③这是说，尧的一项最重要的任务是选好接班人，因为这是付托天下之大事，所以非常慎重，必须加以严格观察；而检验舜之品德的措施，即在于从家庭之事着手。这说明修身之道与齐家、治国、平天下之道具有相通之处。

同书《舜典》则云："自此以前，舜之治甚详，事皆自为；自此以后，舜之治甚略，任九官十二牧之外，事若有所不亲者。盖尧在上，舜虽受位，犹臣道也；尧崩之后，舜始即位，行君

---

① 《吕祖谦全集》第三册，第24页。

② 《吕祖谦全集》第三册，第27页。

③ 《吕祖谦全集》第三册，第33页。

道，故命官而不亲。于前可以观'坤作成物'之义，于后可以观'乾知太始'之义。"①据二《典》所载，舜在受尧让位之初的二十八年之中，虽已代尧摄政，但因尧还在，仍然谨守臣道，施治甚详，事皆自为。直到尧逝之后，舜才正式躬行君道，所以只命官而不亲事。从前段经历，可以观其"坤作成物"的臣道之义；而从后段经历，则可观其"乾知太始"的君道之义。

同书《冏命》云："治有体统。群仆侍御之臣众矣，穆王虽急于左右之助，苟遍告而亲择之，则元首丛脞，非君道也，故命一伯冏作大正，群仆侍御之臣皆统焉。使伯冏正率其僚，则其僚莫不勉进君德，交相修辅，以补衮职之阙矣，固无待穆王之遍告也；使伯冏精择其僚，则其僚莫不质厚敦朴，便佞屏迹，蔼蔼王多吉士矣，固不待穆王之亲择也。此为治之体统也。"这是陈述周穆王的为君之道。穆王欲求群臣之辅佐，只"命一伯冏作大正，群仆侍御之臣皆统焉"，而不必皆由穆王之"遍告"和"亲择"，这就是"为治之体统"。②

若要能正确地任命大臣，其关键在于能辨别君子与小人。同书《立政》又云："人主无他职，惟以别白君子、小人为职，国家之存亡，常必由之。"③因为所任命的大臣是君子，则大臣所选拔的群臣也必然是君子；所任命的大臣是小人，则他所选拔的群臣也必然是小人。假若朝廷上充满小人，那离亡国之祸

---

① 《吕祖谦全集》第三册，第43页。

② 《吕祖谦全集》第三册，第424页。

③ 《吕祖谦全集》第三册，第379页。

也就不远了。

　　然而小人是怎样酿成亡国之祸的呢？同书《冏命》有云：
"自古小人之败君德，为昏为虐，为侈为纵，曷其有极？……盖
小人之蛊其君，必使之虚美薰心，傲然自圣，则谓人莫己若，
而欲予言莫之违，然后法家拂士日远，而快意肆情之事亦莫或
龃龉其间矣。自圣之证既见，则百疾从之，昏虐侈纵，皆其枝
叶而不足论也。"①小人就是用谄谀奉迎的手段蛊惑君主，使之
自以为任何人都不及自己圣明，乃致听不进正人的忠言而专断
独裁。于是正人渐远而日与小人肆情作乐，最终自然酿成亡国
之祸。正如同书《仲虺之诰》云："谓人莫己若，则孤俫特立，
傲然处万物之上，乌得而不亡？好问则以天下之善为善，所以
裕也；自用则己之能有限，所以小也。"②又如《易说·临》卦
云："后世之君，自任一己聪明以临下，适足为不知。盖用众人
聪明以临下，此乃大君之所宜也。"③这是说，作为君主，如果
认为人皆不及自己高明，从而专断独裁，这是取亡之道；如果
能以天下之善为善，任用贤人，才能应付裕如，可得垂拱而治
之效。故同书《晋》卦云：

　　　既得尊位，……但恐用明太过，虑事太详，恤其失得
　　而凡事迟疑。……大抵人君之体，若屑屑亲细务而恤其得

①《吕祖谦全集》第三册，第424页。

②《吕祖谦全集》第三册，第120页。

③《吕祖谦全集》第二册，第32页。

失，以此为明察，安能"无不利"？惟夫俨然在上，总其大
纲，委其大臣而得失勿问，使在下者得尽心力为之，则无
往而不利。

东莱认为，真正的贤明之君总是俨然在上，总其大纲，而把具
体的事务则放手让大臣去处理，不作过多的干预。这样，在下
之贤者就会为君主尽心尽力去做，而君主可收垂拱而治之效。
故在淳熙四年（1177），东莱趁孝宗召对之机，当面呈上两份
《轮对札子》，提出了多方面的革弊主张，并强调应从改革朝政
入手。其中第一份《札子》，即大胆地极陈皇帝"独运万机"之
弊。他说：

　　夫独运万机之说，其名甚美，其实则不可不察
焉。……治道体统，上下内外不相陵夺而后安。乡者，大
臣往往不称倚任，陛下不得已而兼行其事，大臣亦皆亲细
务而行有司之事，外至监司守令，职任率为其上所侵，而
不能令其下，故豪滑玩官府，郡县忽省部，掾属凌长吏，
贱人轻柄臣，平居患犹未尽见也，一旦有事，谁与指麾而
伸缩之邪？……

因而他还为孝宗忧虑臣下权重之弊而提出己见，他从"治道体
统，上下内外不相陵夺而后安"之旨出发，认为根本在于君臣
之间上下各司其职：

如曰臣下权任太隆，惧其不能无私，则有给舍以出纳焉，有台谏以纠正焉，有侍从以询访焉，诚得端方不倚之人分处之，自无专恣之虑，何必屈至尊以代其劳哉！……

人之关膈经络，少有壅滞，久则生疾，陛下之于左右，虽不劳操制，苟玩而弗虑，则声势浸长，趋附浸多，过咎浸积。内则惧为陛下所谴，而益思壅蔽；外则惧为公议所疾，而益肆抵排。……

于是，他又从正面提出为君之道云：

愿陛下虚心屈己，以来天下之善；居尊执要，以总万事之成。勿以图任或误，而谓人多可疑；勿以聪明独高，而谓智足遍察。勿详于小，而遗远大之计；勿忽于近，而忘壅蔽之萌。诚意笃而远迩各竭其忠，体统正而内外各得其职，则二帝、三王之治不能加毫末于此矣。[1]

所谓"独运万机"，就是直指孝宗把本应由臣下处理之事揽在自己手里的专断独裁而言。这确实是直言不讳地击中了孝宗的要害。

关于人君之本，在于人心的向背。《书说·泰誓上》云：

[1]上引均见《吕祖谦全集》第一册，第57—59页。

"为君之理，系于人心而已。人心之离，独夫也；人心之合，天子也。"①而"人心之合"，在于能关爱百姓。同书《顾命》云："人君之职，不过教、养二端而已。"②所谓"教"，就是施行道德教化；所谓"养"，就是关心民生的物质生活。而实行教化之道，则在于君主所出的政令必须符合君子之道，其《易说·观》卦云：

> 九五，居人君之位。故须观我之所生德教刑政之类，事事合于君子之道，人人归于君子之域，方始无咎。……盖使天下皆为君子，是人君本分职事才得恰好。

只有君主所定的德教刑政之类，事事合于君子之道，才能使人人归于君子之域，天下才能治好。然而，如何才能知道"我之所生德教刑政"符合君子之道呢？东莱认为检验的标准在于俗美时治。故又云：

> 人君居尊位，最难自观，盖左右前后阿谀迎合，然却自有验得处。俗之美恶，时之治乱，此其不可掩而最可观者也。

---

① 《吕祖谦全集》第三册，第200页。
② 《吕祖谦全集》第三册，第401页。

由于君主特殊的地位，平时所听到的多是阿谀奉承之词。如果仅仅征求自己"左右前后"对朝廷所颁发的"德教刑政"的看法，往往是不真实的。故而若要考察"我之所生德教刑政"之臧否，唯一的办法是认真考察社会风气习俗之美恶，时政之治乱得失。换言之，亦即君主应把社会实践与社会效果作为检验政令得失之标准。显然，东莱的这一观点具有很高的政治价值。

《书说·微子》云："君者，能群之谓也。君能群，则天下之民出入相友，守望相助，疾病相扶持，亲睦之不暇，何敌雠之有？君不能群，则民至于大陵小，强陵弱，争斗侵夺，方且兴起以乐之，所以促天下于沦亡也。"①对于时风民俗，君主实起有带头的作用，故君主以身作则的作用显得尤为重要。

东莱还认为，如果是守成之君，则必须居安思危，不可徒事保守，而应有所作为。同书《大诰》云："大抵守成之君，苟徒保守，无所增饰，使祖宗之业不至光明盛大，日新无疆，则为不善继矣。必贲饰其业，大前人所受之命，兹乃能不忘所成之大功，盖继继不已之意。'大'者创造之实，'敷贲'者继述之工也。""大抵国家多成于忧患，亡于治安。"②故同书《康王之诰》云："守成之主多溺于宴安而无立志，故告之以奋振自强，大戒戒备，无弛惰而隳坏祖宗艰难寡德之基命也。"③宴安而无立志，是许多守成之主的通病，故东莱深以戒之。

---

① 《吕祖谦全集》第三册，第192页。

② 《吕祖谦全集》第三册，第252、256页。

③ 《吕祖谦全集》第三册，第410页。

二、为官之道

古时官制，有所谓论道之官与行道之官。《书说·蔡仲之命》云："周制每以三公兼六卿，抑有深意焉。三公无职，六卿则分职矣；三公论道，六卿则行道矣。以三公兼六卿，同精粗源委于一体，可离非道也。"①三公是坐朝论道之官，而六卿则是实际行道之官。但若三公而兼任六卿之职，则是论道与行道合而为一，有利于把理论和实践统一起来。

同篇又云："奉王室，待诸侯，抚小民，随时随事莫不有中。率皆自于中，则无过不及之失也。"②这是说，无论是辅佐王室或事奉诸侯乃至安抚百姓的各级官员，随时随事都有最适宜的方法，只有根据其实际情况采取最适宜的方法处理其事，才不会有偏失。这其实是旨在应随时善于把握中庸之道。

作为大臣的一项重要任务，是发现君主有违道之举时，必须进行谏净。同书《胤征》云："官众皆相规正，百工亦执艺以谏，责能于君谓之恭，不谏者为不恭，则邦有常用之刑。"③这是说，百官应在互相之间规正而外，还应对君主加以谏净，否则有失为臣之责，邦有常刑。然而同书《立政》又云："人臣之难进言，固矣；人君之得闻忠言，抑甚难也。"④因此，进谏必

---

① 《吕祖谦全集》第三册，第347页。

② 《吕祖谦全集》第三册，第351页。

③ 《吕祖谦全集》第三册，第109页。

④ 《吕祖谦全集》第三册，第369页。

须掌握方法。同书《说命上》云："大臣之进言，始开陈其略，中则渐引其君以当道，而后进苦口之言于终，进谏之序也。不然，是未信而谏也。……能容难受之言，斯能去难除之病。"①这是进谏时应掌握的由泛入深的程序。只有这样，才能使君主"能容难受之言"以"去难除之病"，获得预期的效果。正如《左氏博议·臧僖伯谏观鱼》所云："游宴之逸，人君之所乐也；谏诤之直，人君之所不乐也。以其所不乐而欲夺其所乐，此人臣之进谏所以每患其难入也。……进谏之道，使人君畏吾之言，不若使人君信吾之言；使人君信吾之言，不若使人君乐吾之言。戒之以祸者，所以使人君之畏也；谕之以理者，所以使人君之信也；悟之以心者，所以使人君之乐也。……盖祸固可使人畏，然遇骄慢而不畏者，则吾说穷矣；理固可使人信，然遇昏惑而不信者，则吾说穷矣。……人君之游宴，畏人之言而止者，是特不敢为，而未知其不当为也；信人之言而止者，知其不当为，而未知其不足为也。惟释然心悟，然后知其不足为；知其不足为，虽劝之为，亦不为矣。"②进谏而能使君主"释然心悟，然后知其不足为"，才是最有效的进谏艺术。

同书《鬻拳兵谏》云："古今以人君拒谏为忧，吾以为未知所忧也。……人臣之忧，在于谏之未善，不在于君之未从。谏之道难矣哉！诚之不至，未善也；理之不明，未善也；辞之不

---

① 《吕祖谦全集》第三册，第171页。

② 《吕祖谦全集》第六册，第14—16页。

达，未善也；气之不平，未善也；行之不足以取重于君，未善也；言之不足以取信于君，未善也。……其所忧者，惟恐吾未尽谏之之道，亦何暇忧其君之从与拒乎！……臣之纳谏者，苟尤君而不尤己，不能导君而使自从，徒欲强君而使必从，其流弊终至于鬻拳胁君而后止耳。……谏，吾职也；听，君职也。吾未能尽其职，乃欲越其职以必君之听，其可乎？"①据《左传》所载，"鬻拳强谏楚子，楚子弗从。临之以兵，惧而从之"。东莱认为，进谏之道，只要自问是否尽心即可，不必计较君主能否听从。因为是否尽心是为臣的责任，而能否听从则是君主的责任。如果勉强要求君主听从自己，则是越职的行为，实不足取。所以东莱不赞同楚国鬻拳那样用兵谏的方式逼胁君主听从的做法。这显然是符合孔子所谓"事君数，斯辱矣"之道的。

然而作为普通官员，东莱总结有几条既不违原则而又能应付自如的为官经验。其《舍人官箴》云："当官之法，惟有三事：曰清，曰慎，曰勤。知此三者，可以保禄位，可以远耻辱，可以得上之知，可以得下之援。然世之仕者，临财当事，不能自克，常自以为不必败。持不必败之意，则无所不为矣。然事常至于败而不能自已，故设心处事，戒之在初，不可不察。借使役用权智，百端补治，幸而得免，所损已多，不若初不为之为愈也。"②又云："当官大要，直不犯祸，和不害义，在人消详

①《吕祖谦全集》第六册，第159—160页。
②《吕祖谦全集》第一册，第368页。

斟酌之尔。然求合于道理，本非私心专为己也。""当官处事，但务着实。如涂擦文书，追改日月，重易押字，万一败露，得罪反重，亦非所以养诚心、事君不欺之道也。百种奸伪，不如一实；反复变诈，不如慎始；防人疑众，不如自慎；智数周密，不如省事。不易之道。"①东莱在正面要求为官应做到"清、慎、勤"三者之外，更从反面告诫凡属违规之事切不可为，不仅一旦败露，悔之无及，而且更重要的是丧失了诚实不欺的做人本质。

因此，东莱认为要想立足于官场，首先要宽宏雅量，不宜露芒尖刻。他总结为官的经验，概括起来有两点：其一，对同僚注意社交应酬，这样就不会孤立。其二，对上司的命令，在不"害义"的前提下，应该尽量顺从；如果碰上"害义"之事，则必须"委曲几谏"加以挽回。必须指出的是，他这种坚持以合乎"义"为原则的"斟酌曲从"的态度，与那种圆滑无原则的"乡愿"处世哲学，是有本质区别的。他在给潘叔度的信中，又把自己在官场上奉行的原则概括为"内不敢旷职，外不敢立异"，一切按制度办事。认为这样做既无风险，又简便省力。他说："大抵不问在朝在野，职分之内不可惰媮，职分之外不可侵越，自然日用省力也。"②鉴于祸从口出的严酷现实，东莱反对超越职分范围对政事妄加评论，尤其不要指名道姓地议论别人

①《吕祖谦全集》第一册，第371页。
②《吕祖谦全集》第一册，第495页。

的沉浮。认为这样做，很容易得罪权贵，非但于事无补，而且有可能因此而罹祸。他说："大凡不在朝廷而论朝廷事，止可泛论大体，不当明言某人可用，某人不可用。……止可泛论，不可指名，对州县官亦然。"①概括而言，东莱的居官原则不外乎两条：一是对于上司的命令，在不违背一定原则的前提下，应该尽量照办；二是对于自己的职务，既不宜懒惰旷职，也不宜侵权越职。应该说，他这两条居官原则，是合乎儒家的立身处世之道的，即使以现代的眼光视之，也基本上是正确的。

东莱这一谨慎小心，近于孔子所谓"狷者"的为官之道，使他在官场上平稳风顺。也正因为如此，他所做的也只能是一般的史官与学官，主要从事的政治活动亦限于为统治者寻找长治久安之策以及进行有补于世教的著述和讲学，却缺乏力挽狂澜的作为。

三、君臣关系

在君臣关系上，东莱推崇君臣相得，相互尊重，融洽无间，配合默契的和谐关系。然而，保持君臣正常关系的前提是君臣各司其职。正如《书说·胤征》云："征伐，天子之大权。天下有道，礼乐征伐自天子出，……六师之掌，命有所自，徂征之命，承之而已。"②这就是君臣上下互不侵权的显例。在此基础

---

① 《吕祖谦全集》第二册，第220页。
② 《吕祖谦全集》第三册，第109页。

上，君臣之间才能建立起融洽和谐的关系。正如其在《易说·临》卦所谓"上厚于下，下厚于上，上下相应，固尽善矣"①。故在同书《睽》卦中论述"上下相应"之道云："君降志而应乎刚明之臣，臣尽道以辅乎柔顺之君。君臣之间尽道相与于睽乖之时，虽不能大有所为，亦可以小吉。大抵天下之治，患君臣之不相与。"②《咸》卦云："大抵君臣、上下、贵贱之间，君当求臣，臣不可先求君；上当求下，下不可先求于上；贵贱之理亦如此焉。……盖上下君臣之间，又不可隔绝而不通，要得其求则顺而从之，毫厘之间，不可不察。"③《晋》卦云："大抵君臣之间，惟降志以相接，则治可日彰，德可日明；若在下者方命，在上者骄亢，则治与德俱退矣。惟是上柔顺以接下，下柔顺以辅上，则为晋盛。"④然而，能达到君臣"降志以相接"，"尽道相与"的，古来并不多。更多的则是在上者骄亢暴虐，刚愎自用，在下者唯命是从，曲意奉承；抑或是在下者方命专权，桀骜不驯，在上者受制于臣，失去控制全局的能力。无论是前者还是后者，都有失致治之道。故东莱认为，作为君主，要在"全天子之尊"以总揽治乱兴衰之大纲，而不宜躬亲细务。其《左氏博议·王赐虢公晋侯玉马》云："圣人欲上全天子之尊，

① 《吕祖谦全集》第二册，第33页。
② 《吕祖谦全集》第二册，第91页。
③ 《吕祖谦全集》第二册，第65页。
④ 《吕祖谦全集》第二册，第79页。

必先下谨士庶人之分。守其下，所以卫其上也。"①故《东莱书说·立政》云："君当一于为君，臣当一于为臣。君苟兼臣之职，非惟二其君道，而臣亦不得专其职也。"②

东莱作为在职之官，虽然没有敢于直接激烈批评朝政，甚至当面直接批评孝宗的行动，但是他善于抓住一切机会，运用婉言微讽的方式来发表自己的政见。而实际上，这种婉言微讽的谏诤方法，较之激烈批评的方法，更易于使统治者接受，以期收到较好的效果，所以也更符合儒家的传统。

然而太史之官，既应谨守臣职，又担有监督君权之责。东莱在其《汉太史箴》中则高扬史官"持于公议"的重任，以期统治者有所戒惧。这显然也是针对孝宗当时业已初见端倪的日益专断独裁之风而言的。他说：

> 史官者，万世是非之权衡也。禹不能褒鲧，管蔡不能贬周公；赵盾不能改董狐之书，崔氏不能夺南史之简。公是公非，举天下莫之能移焉。是故人主极天下之尊，而公议复尊于人主；公议极天下之公，而史官复持于公议。自古有国家者，皆设史官，典司言动。凡出入起居、发号施令，必九思、三省，奠而后发，兢兢懔懔，恐播于汗简，贻万世之讥。是岂以王者之利势，而下制于一臣哉？亦以

---

① 《吕祖谦全集》第二册，第148页。
② 《吕祖谦全集》第三册，第375页。

公议所在，不得不畏耳。汉绍尧运，置太史令以纪信书，而司马氏仍父子纂其职，轶材博识，为史臣首。迁述黄帝以来，至于麟止，勒成一家，世号实录。武帝乃恶其直笔，刊落其书。呜呼！亦惑矣！公议之在天下，抑则扬，塞则决，穷则通。纵能削一史官之书，安能尽枙天下之笔乎！

在政治上如何控制至高无上的君权，一直是儒家难以彻底解决的大问题。以历史的公论来告诫君主，使之有所戒惧，虽然收效不大，但较之汉儒专以灾祥妖异之类神道设教来警诫君主要切实一些；也较之宋代理学家专从性理上"格君心之非"，使之发扬道德的自觉性要有效一些。这也是东莱既重经也重史，从而推崇司马迁及其《史记》的原因。东莱与朱子在如何控制君权这一问题上的不同处，就在于朱子偏重从道德上"格君心之非"，而东莱则兼重历史公论之监督。这无疑是东莱的一项长处。

东莱《家范·宗法》云：“国以民为本，无民安得有国乎？故重社稷，必爱百姓也。”[1]《孟子说》云：“君有出入必为民”，“一出一入，无非为民事也，如省耕、省敛是也”。[2]即此可见东莱的爱民养民思想。

一、民惟邦本

现代学术界一般都认为儒家学说是为统治阶级服务的，其实不然。从根本上说，儒家是主张君为民服务而非民为君服务的。

古文《尚书·五子之歌》所提出的“民惟邦本，本固邦宁”的观点，同时表达了儒家民本思想的两方面的意义：所谓“民惟邦本”，就是说人民的利益是国家和社会的价值主体；所谓

---

[1]《吕祖谦全集》第一册，第284页。

[2]《吕祖谦全集》第二册，第175页。

"本固邦宁"，就是说君主的权力只有得到人民的拥护才能巩固。就两方面意义的统一而言，前者是价值判断，后者则是一种事实判断。若从统治者的立场而言，他们从自身利益出发，所看重的乃是后一方面的意义。所以，历代儒者在开导君主照顾人民的利益时，为了使君主乐于听从，也往往更强调了后一方面。然而，若从儒家思想的立场而言，他们从以人为本出发，则"民惟邦本"显然是其仁学的价值本体；而"本固邦宁"，则既是实行仁政的效果，也是开导君主乐于施行仁政的立言宗旨。由于儒家的仁政必须通过统治者的采纳才得以实施，所以在哲学思想中所体现的价值本体的民主意识，每当作为政治理论向统治者进言时，不得不转化为民本思想进行表述。因此，作为政治理论中的立言宗旨的"民本"之与哲学思想中所体现的价值本体的"民主"，在儒家思想中其实并非是对立的，而是统一的。

《孟子·尽心下》说："民为贵，社稷次之，君为轻。"并认为，君对社稷（朝代）不利时可以换掉君；社稷对民不利时可以变置社稷。而且认为吊民伐罪、以臣伐君的汤、武是正义之师，而对推翻桀、纣那样的暴君则说"闻诛一夫纣矣，未闻弑君也"[1]。《荀子·大略》也明确地说："天之生民，非为君也；天之立君，以为民也。"即此可见，儒家的最终目的是为天下之民创造安居乐业的环境，而绝对不是为统治阶级创造享受

---

[1]《孟子·梁惠王下》。

奢侈生活的环境。然而，由于受时代的局限，儒家若要为民创造安居乐业的环境，不得不借助统治者授予的权力，否则就无法实现。所以，在为民创造安居乐业环境的同时，当然也应对统治者有利，因而"忠君"也成为儒家不可缺少的内容。所以，既"爱民"又"忠君"，乃成为儒者为官的共同品德。不过，"爱民"是无条件的，而"忠君"是有条件的。只有君的命令有利于民时，儒者官吏才会服从；如果君的命令不利于民时，儒者官吏就敢于抗言直谏。这也是所有儒家出仕者所应共同遵守的品德。

儒家学说在政治上体现为民本思想，而其中也蕴含有丰富的民主观念，只不过没有创建成一套可供实施的民主制度而已。诚然，并非说儒家的民主观念已和现代民主思想的内容相同，但至少已具有民主思想的某些因素。而且，儒家其实也非常希望能通过当时的政治实践，尽可能地把这种民主精神表现出来，但由于专制时代的限制，无从获得发挥。我国近现代所提出的民主思想，与先秦儒家的民本思想和其中所蕴含的民主意识有一定的渊源关系。民本与民主都立足于"以人为本"的价值观念，因而并非截然对立，而是可以互相接轨和融合的。可以说，民主是民本的升华。所以，对于东莱的政治思想也应作如是观。

在国计民生方面，东莱认为首先必须在根本上重视耕织。其《左氏博议·子鱼谏宋公围曹》云：

天下之所以有侥幸而得帛者，以蚕妇阴为之织也；天

下之所以有侥幸而得粟者，以农夫阴为之耕也。如使天下
尽厌耕织，焚其机，斧其耒，则虽有巧术，何从而取粟帛？
皆将冻于冬而馁于途矣。①

基于这种认识，东莱认为执政者应珍惜老百姓的辛勤劳动，才
能换取他们的甘心奉养。其《诗说拾遗》云："民之服田力穑，
岂不甚劳？君若以为宝，民则以为好。谓其甘心代人君之力而
奉养也。"②故在《易说·损益》中提出了"取民有制"的思想：

损之卦，损下益上故为损。盖上虽受其益，殊不知既
损下，则上亦损矣。然其下为兑，兑，悦也。……是下乐
输以奉上，人君固可以安受之，何名为损乎？盖损下益上，
人君之失也；乐输于上，人臣之义也。两者自不相
妨。……凡上有取于民皆为之损，合上下二体而观之，下
当乐输而不怨，上当取于民有制，不可无所止也。③

他主张"上"接受"民输"过程中，要有一定的分寸，有所节
制。假如无止境地强迫"民输"，重敛不已，超出民众所能负荷
的限度，这就变为"人君之失"了。所以又说："损下益上为
损，损上益下为益。"这里所谓"损上"，是指损去一些过度的

①《吕祖谦全集》第六册，第290页。
②《吕祖谦全集》第二册，第133页。
③《吕祖谦全集》第二册，第100页。

骄逸奢侈，变横征暴敛为薄徭轻赋。这在客观上减轻了人民的负担，也有利于国家的长治久安。

《书说·康王之诰》云："文、武得之于忧患艰难，故能视民如伤，轸恤西土，盖身常履之，推己以及人也。"[①]东莱认为，出身于忧患艰难的君主，更能体会民生之疾苦，故能以百姓之心为心加以关怀。故《家范·宗法》云："盖民有定居，而上不扰之，则可以生殖财用。上既爱下，下亦爱上，此是第一件。其次欢欣奉上，乐输其财，和气感召，则时和岁丰，万物盛多。"[②]东莱认为，只要在上者不扰民，民就可以安居乐业。

对于民生的根本问题，东莱主张人人均足而反对贫富分化。其《史说》云："大凡天生万物，将欲留与天地间人同用，须使人人均足，方是两间正理，一或不均，便是暴殄天物。且如布帛粟菽，人人所须，泉货金贝，人人欲用，今富者乃封之仓库，至于腐坏贯朽，岂非暴殄天物？……古语云'广取不如俭用'，此语亦有理。"[③]这是从天生万物的根本上论证人人均足的合理性，进而谴责富贵之家"腐坏贯朽，暴殄天物"的浪费现象，认为这是造成百姓穷的原因。

关于横征暴敛的根源，《书说·无逸》云："既无滥费，自无过取。""盖欲禁横敛，必先绝横敛之源。观、逸、游、田者，横敛之源也。淫于四者，侈费无度，其势不得不横敛。四

---

① 《吕祖谦全集》第三册，第410页。

② 《吕祖谦全集》第一册，第285页。

③ 《吕祖谦全集》第二册，第221页。

者既省，用有常经，自应'以万民惟正之供'也。"①东莱认为，在观览、安逸、游豫、田猎四方面的过度滥费，是造成横征暴敛之源，必须加以控制，才能使赋税实行正常的供给。

而从法律上讲，爱民还在于刑罚要适中。其《家范·宗法》云："盖心诚爱民，则谨于刑罚，无不中矣。"②执行刑罚能够谨慎而公正，适得其宜，百姓就不会身罹冤屈之苦了。

二、奏免丁钱

乾道六年（1170），东莱在任严州州学教授时，目睹执政者强加于严州人民头上的丁盐钱绢所造成的社会恶果，深有感受。于是毅然接受太守张南轩的委托，以严州太守张栻的名义写了一份乞免严州丁钱的奏状上呈朝廷，请求朝廷免去严州的丁盐钱绢的数额，减轻人民的负担，让老百姓有一个"息肩之日"。他在《为张严州作乞免丁钱奏状》中说：

> 严之为郡，地瘠人贫，丁盐钱绢，额数繁重，民不聊生，此赋不除，永无息肩之日。……臣自到任，延问耆老，谘诹僚吏，参稽案籍，始知本州丁盐钱绢，为民大害。

南宋时期，由于统治集团既要满足自己的穷奢极欲，又要不断

---

① 《吕祖谦全集》第三册，第329—330页。

② 《吕祖谦全集》第一册，第284页。

地向金国贡奉大批财物，故对境内广大人民实行敲骨榨髓。苛捐杂税，名目繁多，必欲将劳动人民的血汗吮吸殆尽而后止，导致境内民力凋残，经济萧条，整个社会满目疮痍。平民百姓终年挣扎在饥寒交迫的泥潭之中。所以，东莱接下去就陈述了丁钱税演变的过程，并以大量的具体数据论证和分析了"丁盐钱绢为民大害"的原因，流露了对严州人民的深切同情。于是，他以一片精诚之心表示"臣请为陛下详言之"：

> 两浙东西路共管十五州军，户口物力无若本州之贫，丁盐钱税亦无若本州之重。本州地形阻隘，绝少旷土，山居其八，田居其二，涧曲岭隈，浅畦狭陇，苗稼疏薄，殆如牛毛。细民崎岖，力耕劳瘁，虽遇丰稔，犹不足食，惟恃商旅般贩斗斛为命。旬日不雨，溪流已涸，客船断绝，米价腾涌，大小嗷嗷，便同凶年。每岁合六县所纳苗米，除折纳糯米外，粳米止管八千七百五十一硕，犹不及湖、秀富民一户所收之数。……其为困乏，不言可见。重以坊郭乡村边溪去处，每经巨浸，垣墙颓仆，庐舍倾摧，资用散失，生计萧然。若遇寇盗，整葺未全，复遭漂荡。民素穷乏，又加此厄，虽使止存两税，犹惧输纳不前；今乃经赋之外，每丁使之重纳丁钱盐绢……凋瘵之民，其何以堪？

东莱还以具体的数据对各州的情况试作比较，得出了政府加在严州百姓头上的苛税较之他州更为严重的结论。故至于凶荒之年，其境遇之悲惨，可以想见。所以东莱接下去又说：

> 且以两浙诸郡论之：……本州民力，在两浙十五军州之下，而赋敛反在十五军州之上，以至贫之民，纳至重之赋，人情物理，恐不应尔。

"以至贫之民，纳至重之赋"，所造成的社会后果是极为严重的。他说：

> 臣谨按本州丁籍，……是十分之中，九分以上尪瘵困迫，无所从出。从前官吏明知其害，迫于上司督责之严，汗颜落笔，瘗额用刑，笞箠缧系，殆无虚日，愁叹之声，闾里相接。强悍者，穷塞无聊，散为攘窃，四方遂指严州为多盗之区。非犷俗独钟于此土，盖丁钱偏重于他邦。原其情状，实可怜悯！

在这里，东莱勾画了一幅令人毛骨悚然的社会画面。民脂民膏已被搜括殆尽，官府还要不断地以严刑黑狱为手段催逼，使得"凋瘵之民，其何以堪"？百姓在无法生存的情况之下才"散为攘窃"，以致严州成为"多盗之区"。这并非严州的民俗使然，而是"丁钱偏重"所造成的。处于水火倒悬之中的人民，为了生存，被迫铤而走险才成为"盗贼"。面对这种情况，东莱痛切地感到执政者过于无道，才给其自身统治造成了很大威胁。他认为，人民本无贪乱之心，但是执政者一味地放纵骄逸而无所顾忌，"取民无所止"，使他们陷于"无处可逃"，"荼毒而死"的绝境，这时人民只好"不爱其身"，冲破统治者的羁绊，无所顾忌地起而反抗了。正如其《书说·康诰》所谓"凡民之怨，皆上之人有以召之"①。此外，他还描述了另一种惨景：

> 臣体访得：深山穷谷，至有年三十余，颜状老苍，不敢裹头，县吏恐丁数亏折，时复搜括相验，纠令输纳，谓之"貌丁"。民间既无避免之路，生子往往不举，规脱丁口，一岁之间，婴孺夭阏，不知其几！小民虽愚，岂无父子之爱？徒以陁于重赋，忍灭天性，亲相贼杀，伤动和气，悖逆人理，莫斯为甚！臣闻之，不觉涕下。

"深山穷谷，至有年三十余，颜状老苍"，生命之源过早地枯竭了。甚至于"生子往往不举"，导致"婴孺夭阏，不知其几"的惨状。作为州官，对于这种状况自然负有不可推卸的责任：

> 斯民颠顿愁悴，父子不能相保。意者，未有以实上闻者。臣职在拊摩，尚复便文，自营不言，死有余罪。用敢竭诚悉意，上彻旒扆。……欲望圣慈特降睿旨，将严州丁盐钱绢……尽行蠲除。使一方仰父俯子，吏不至门，复有

①《吕祖谦全集》第三册，第277页。

生民之乐。……惟愿睿断不疑，俯赐开允，俾一邦亟解倒垂之急！①

东莱坚持认为减免严州丁盐钱绢不是一件"细事"，而是关系到能否使"一方民力甚宽"的问题。诚然，即使减免了严州的丁盐钱绢，也未必能使"民力甚宽"，但是减免一点，总比一点不减免要好。朝廷在审查了奏状之后，终于准予减免一部分丁钱。但是东莱对此并未满足，他在代南轩所作的谢表中说："孰知凋瘵之余，尚困赋租之重。畴先民瘼，最甚丁徭。……制赋欲均，期复大禹九州之正；施仁有渐，姑从文王四者之先。雨露旁流，槁干胥浃。臣敬撙厚泽，下逮穷民。观其拜赐之时，犹有乞怜之意。既勤深恤，得少愒于今年；终觊大恩，俾尽夷于旁郡。"②这是说，希望来年能"终觊大恩"而给予全免，以期与旁郡相同。这篇《奏状》，颇为深刻地揭露了当时社会弊政给广大劳动群众所造成的严重不幸。东莱这一留意民间疾苦的胸襟，具有很强的历史进步性，这也是他提出"取民有制"的思想基础。

后来，又在上皇帝的《轮对札子》中，再次提出了在经济方面应"取民有制""与民休息"等主张。若要做到"取民有制"，关键在于国家要"节用"。故东莱在《史说》中云："大

---

① 上引《奏状》见《吕祖谦全集》第一册，第49—53页。
② 《吕祖谦全集》第一册，第32页。

抵朴素简约，即兴之渐；奢侈靡丽，即衰之渐。天下国家皆然。"①只有国家崇尚节用，才能实行轻徭薄赋以减轻人民负担。

三、荒政赈饥

自古即有"荒政"之举。所谓"荒政"，就是应对荒年饥饿的政策。若逢水旱之灾，使百姓度过荒年，是养民之政的一项重要任务。东莱在《历代制度详说·荒政》云："古者之所谓荒政，以三十年之通制国用，则有九年之蓄，遇岁有不登，为人主者则贬损减省。……当时天下各自有廪藏，所遇凶荒则赈发济民而已。""凡诸侯莫不有委积以待凶荒。凶荒之岁，为符信发粟赈饥而已。"古时各地都有仓廪之藏，每逢凶年即可赈发济民。这种设施值得后世取法。

又云："惟到春秋战国，王政既衰，秦饥，乞籴于晋；鲁饥，乞籴于齐。岁一不登，则乞籴于邻国，所谓九年之制度，已自败坏。《管子·轻重》一篇，无虑千百言，不过君民互相攘夺，收其权于君上，已非君道；所谓荒政，一变为敛散轻重，先王之制因坏。到后来敛散轻重之权又不能操，所以启奸民，幸凶年，以谋祸害，民转死于沟壑。至此，一切急迫之政，五代括民粟，不出粟者死，与敛散轻重之法又殆数等。大抵其法愈坏，则其术愈粗。"后世之所谓"荒政"流弊百出，反成为奸人营利害民之具，实可痛心。

①《吕祖谦全集》第二册，第234页。

于是，东莱认为，历代以来几种荒政可供施政者参考："论荒政古今不同，且如移民易粟，孟子特指为苟且之政，已非所以为王道，秦、汉以下却谓之善政。……后之有志之士，如李悝之平籴法，虽非先王之政，丰年收之甚贱，凶年出之赈饥，此又思其次之良规。……使平籴之法常行，则谷价不贵，四民各安其居，不至于流散，各可以自生养。……若设糜粥，其策又其下者。"这里，介绍了移民移粟、平籴法和设糜粥三种应对荒政之法。对此，东莱作了评论："大抵荒政统而论之：先王有预备之政，上也；使李悝之政修，次也；所在蓄积，有可均处，使之流通，移民移粟，又次也；咸无焉，设糜粥，最下也。虽然，如此各有差等，有志之士随时理会，便其民。"

然而，东莱又认为"今则所论可行者甚多"，试举数条如下：

其一，"且如汉载粟入关中，无所传，后来贩粟者免税，此亦可行之法，此法一行，米粟流通"。

其二，"如后世劝民出粟，散在田里，以田里之民，令豪户各出粟散而与之，此一条亦可行"。

其三，"又如富郑公在青州处流民于城外，所谓室庐措置，种种有法，当时寄居游士分掌其事，不以吏胥与于其间"。

其四，"又如赵清献公在会稽不减谷价，四方商贾辐凑，此一条亦是可行之法。此皆近时可举而行者"。

东莱认为以上几条"皆近时可举而行者"。因而他说："亦见历世大纲，须要参酌其宜于今者。大抵天下事虽古今不同，可行之法古人皆施用得遍了，今但则举而措之耳。然法固善，而徒善不足以为政，徒法不能以自行。荒政固有其法矣，而哀矜恻怛则其所以行者。使果有哀矜恻怛之诚，则其法不为徒法。"所以，"自李悝平籴至汉景寿昌为常平仓，元帝以后，或废或罢，到本朝遂为定制。仁宗之世，韩魏公请罢鬻没官之田，募人承佃，为广惠仓，散与鳏寡孤独。庆历、嘉祐间，既有常平仓，又有广惠、广济仓赈恤，所以仁宗德泽洽于民，三仓盖有力。至王荆公用事，常平、广济量可以支给，尽籴转以为钱，变而为青苗，取三分之息，百姓遂不聊生。广惠之田卖尽，虽得一时之利，要之竟无根底。元祐间虽复，章惇又继之，三仓又坏"①。

东莱对于宋代以前的荒政制度作了考证，又介绍了几种可供推行的办法，并加以评论。可见他对荒政赈饥制度的重视。

其时，适值朱子在南康施行赈饥之事遇到了阻力，东莱即在其《与朱侍讲》书中加以鼓励："若且耐烦忍垢，抚摩疲民，苟稍成头绪，……使一方之民小小休息，亦不为无补也。"继而得知朱子申请的赈灾钱粮未能获准，乃又寄书云："疚心荒政，闻极劳瘁。然到得措画不行，求牧与刍而不获，便有归诸其人之义。……如不遂请，而郡中渐可枝柱，为饥民少留，亦君子之志也。"他认为，既然赈款未能获准，则辞官而归也是义所当行；假若辞官又未能获准，那只能为饥民而暂行留下，在郡中

①《吕祖谦全集》第九册，第109—112页。

另想办法亦可。后来获悉郡内有人资助，乃又寄书云："荒政既粗可枝梧，又诸公略相应副，自无辞求去，只得为民少屈，以须终更也。"①东莱认为，既然勉强可以应付，那只得为灾民再受点委屈，不必求去了。从东莱与朱子的几次往返的书信中，就可以了解二人重视荒政的态度了。

---

①上引均见《吕祖谦全集》第一册，第433—436页。

治国理政之道，东莱认为，首先得有正确的指导思想，其次要有改善民生的方针政策，其三在于任用贤能之士。这样，国家可以保持稳定，百姓也可以安居乐业了。

一、恢明圣道

乾道六年（1170），东莱在第一次轮对时所上的《札子》，内容主要是希望孝宗能首先从思想上恢明"圣道"。他说：

> 夫不为俗学所汩者，必能求实学；不为腐儒所眩者，必能用真儒。圣道之兴，指日可俟。臣所私忧过计者，独恐希进之人，不足测知圣意之缊，妄意揣摩，觗排儒学。谓智力足以控制海宇，不必道德；权利足以奔走群众，不必诚信；材能足以兴起事功，不必经术。……姑以目前事言之，……智力有时而不能运，权利有时而不可驱，材能有时而不足恃，臣所以拳拳愿陛下深求于三者之外，而留

意于圣学也。

东莱之所谓"圣学"，就是指治国的指导思想。从实际情况而言，东莱认为，智力、权利、材能之类皆不足恃为治国之纲领，而是必须恢明"圣学"。然而什么是"圣学"呢？他说："宅心制事，祗畏兢业，顺帝之则，是圣学也；亲贤远佞，陟降废置，好恶不偏，是圣学也；规模审定，图始虑终，不躁不挠，是圣学也。"因为这些都是"实理所在"之学。故认为："陛下诚留意此学，……本原既得，万事有统，若网在纲。"①治国也就不难了。

乾道七年所写《馆职策》一文，则进而提出了"治道有大原"的观点。全文洋洋数千言，其要点有云：

> 治道有大原。不本其原，徒欲以力救斯世，君子许其志，不许其学。……未逢其原，而倚办于区区之力，固不可耶！……
>
> 天下之患，懦者常欲一切不为，锐者常欲一切亟为。……明天子方屈群策以图大业，……大经画、大黜陟、大因革，历数其目，既以兼前代之长；徐计其成，尚未能半前代之效。雠耻未复，版图未归，风俗未正，国用未充，民力未厚，军政未核。……今日大政数十皆绝出汉唐之表，

---

① 上引均见《吕祖谦全集》第一册，第54—55页。

惟其统宗会元者尚有可思。……

　　诚储神为治之大原，提其统，据其会，则出治者无一出一入之累，而观治者无一喜一惧之移矣。[①]

全文列举汉唐史实以论证其"统宗会元之说"，所谓"为治之大原"，就是"提其统，据其会"。也就是说，只要掌握其为治之原则，提纲挈领，然后纲举目张，万事毕举。呼吁孝宗广开言路，以杜绝"群情众论，隐匿壅遏，而不得上闻"的现象发生。

　　文中着重批评了在抗金问题上存在的"懦者常欲一切不为"与"锐者常欲一切亟为"的两种倾向。正如《书说·毕命》所云："心之实然者谓之德，心之当然者谓之义，体用具举，此尽心之学，训莫大于是也。……秦始皇以安危系于匈奴而急之以刚，唐德宗以安危系于藩镇而缓之以柔，皆反致大患，加意之害也。……盖偏刚偏柔，皆私意之为，而非所谓德也。""人之于事，不视之太重而畏其难，则视之太轻而忽其易，大抵不出此两病。……无徒惮其难，惟当尽其心也。……无遽谓之易，惟当敬其事也。"[②]这正说中了两偏之病。要从"德"与"义"的体用两方面尽心斟酌使之适得事理之宜，方能避免两偏之病。

　　东莱之所谓"圣学"和"治道有大原"，其实就是"为政以德"以推行"仁政"而已。其《书说·舜典》云："大抵刑政非

---

① 《吕祖谦全集》第一册，第86—92页。

② 《吕祖谦全集》第三册，第416—418页。

不可以治天下，但一时之间整肃而有条理，久则必弛。若德泽之柔抚，久而愈新。"①同书《大禹谟》云："发号施令，莫非政也，惟有德行乎其中，则为善政。政之所在，主乎养民。德惟善政，政本于德也；政在养民，民资于政也。后世富国强兵，非养民之政也。自古善献言者，必先格其心，然后言治天下之纲目。如孟子之告齐王，使之反本，既陈正心之道，而后继之百亩之田，数口之家，至于鸡豚狗彘之微，详及于政事之纲目。盖民政出于人君之心也，君心既正，民政无有不善。"②同书《多方》云："天下非可驱以智力，束以法制，惟动化其民，使常有欣欣不已之意，乃维持长久之道也。"③只有抓住"德"这一总纲，才算抓住了"治道之大原"。

这种"治道有大原"的"圣学"，是由群圣一脉传承下来的。同书《康诰》云："凡群圣心传之妙，制作之法，悉闻而悉见，如学者多识前言往行，则有得于无穷之理，会古昔康保民之道，治民无余蕴矣。"④所以值得学者多加探究，才能"有得于无穷之理"以施诸实践。

二、为政以德

天下形势虽有变化，但"以德行仁"之王道仍然一脉相传。

---

① 《吕祖谦全集》第三册，第422页。

② 《吕祖谦全集》第三册，第355页。

③ 《吕祖谦全集》第三册，第358页。

④ 《吕祖谦全集》第三册，第269页。

《书说·仲虺之诰》云："惟本原之正，故能以身为度，而任天下之才。苟吾身自无权衡，则何以称天下之长短小大哉？……盖尧、舜、禹、汤以道相传，世虽降而道不降。汤之心犹尧舜之心，不幸当天下之变，大不得已而不可避也。后世用兵，师之所至，荆棘生焉，民莫不惊溃奔窜。汤师所至，民皆欣然有喜，何也？盖吊民伐罪，布其宽仁，所至则苏，故其气象不可与后世同日论也。"①由于形势的变化，尧舜之让禅虽变而为汤武之征伐，但其"吊民伐罪，布其宽仁"的本质，仍然贯串了"以德行仁"的宗旨。

这种"以德行仁"的王道纲领，其实是遵循"圣学"而从"本原"上制定的。其《左氏博议·会于葵邱寻盟》云："天下之为治者，未尝无所期也。王期于王，伯期于伯，强期于强，不有以的之，孰得而射之？不有以望之，孰得而趋之？志也者，所以立是期也；动也者，所以赴是期也；效也者，所以应是期也。……自期于强者，至强则止，欲挽之使进于伯，不可得也；自期于伯者，至伯而止，欲挽之使进于王，不可得也。何则？其素所期者，止于如是也。……抑不知天下之势，不盛则衰；天下之治，不进则退。强而止于强者，必不能保其强也；伯而止于伯者，必不能保其伯也。……吾是以知自期之不可小也。进伯而至于王，极天下之所期，无在其上者，其亦可以息乎？曰：'王道果可息，则禹之孜孜，汤之汲汲，文之纯亦不已，何为者耶？'"①东莱认为，预期的目标必须定得高。只有把目标定在实现"王道"的档次上，才能最终实现王道。然而，实现王道虽然是平治天下的最高境界，但是并非一旦实现王道之后就可以停止不前，而是还得像"禹之孜孜，汤之汲汲，文之纯亦不已"那样自强不息，才能保持王道永不变色。因为"天下之治，不进则退"，就像"伯而止于伯者，必不能保其伯也"一样，"王而止于王者，必不能保其王也"。

为了分清"王"与"伯"（霸）的不同，东莱还作了"王霸之辨"。其《书说·微子之命》云："王霸之辨，其要在此：伯者以机巧智术搂诸侯以伐诸侯，机巧智术之穷，不能以没世；王者出于公心，其动以天，所以德垂后裔，至于亿万斯年。以此见智力有限，公心无穷。"②这显然是对孟子"以力假仁者霸，以德行仁者王"的引申。

而且，"王"与"霸"的区别，还在于心术上的迥异。《左氏博议·齐侯戍曹迁邢封卫》云："王者之所忧，伯者之所喜也；伯者之所喜，王者之所忧也。王者忧名，伯者喜名。……功因乱而立，名因功而生。……凡王者之所谓不幸，乃伯者之所谓大幸也。王者恐天下之有乱，伯者恐天下之无乱。乱不极，则功不大；功不大，则名不高。将隆其名，必张其功；将张其功，必养其乱。……邢、卫之难，曰君曰卿，曰士曰民，肝脑

①《吕祖谦全集》第六册，第246—248页。
②《吕祖谦全集》第三册，第262页。

涂中原，膏液润野草。苟仁人视之，奔走拯救，不能一朝居也；今齐桓徒欲成区区之名，安视其死至于二年之久，何其忍耶！长人之乱而欲张吾之惠，多寇之虐而欲明吾之勋，是以万人之命而易一身之名也。是诚何心哉！……噫！此王、伯之辨也。"[1]东莱这套王霸之辨的阐述，如果用医理加以比喻，王道有似于防病于未然之神医；而霸道有似于必待病患加剧时方始施治以邀大功之名医。又若将其用作认识儒家的王道与现代美西方的霸权主义的区别，洵可谓入木三分、呼之欲出的描述。

其实，宋代在国力上虽然远逊于汉唐，但是从王道的角度而言，确实更有其胜过三代之处。东莱在《历代制度详说·宗室》中云：

守天下之道莫若公，成天下之公莫若仁。宋朝之待宗室戚属，其以大公之道守天下乎，虽三代未有及此。盖封建之法最备于周，而大启同姓以为国家之卫，凡善地要处，非王之亲子弟骨肉则无置焉。周之公卿贵人，拥世权、执国柄者，大抵用公室；而诸侯之国，亦各自贵其公子，传世袭爵。当是之时，田野之秀民无称焉。夫岂天下人材尽出于子弟宗室哉？……尽用骨肉以自守其天下，而不待于遍聚天下之贤才以共守之，是家天下者也。

若夫祖宗则可谓盛美，虽有同气至亲，列之高爵，置

---

[1]《吕祖谦全集》第六册，第208—210页。

之重位，而未尝任之以事也。……于是招罗天下之士，比岁辄举，无问其族姓之所从出，土地之近远，南北之不同，其进之惟恐不速，用之惟恐不尽也。与天下之贤共守天下之法，虽公卿之子弟，一筦库之微职犹禁而不与，曰'是不可以先寒士而进也'，而况于宗室骨肉乎？……顾如成周宗盟之义，诚自谦抑而不可居，则祖宗以大公之道被冒于天下，而不私于一家，岂非过绝于成周而独隆于百世哉！……

夫以宗英之重，帝室之胄，反使之操笔书纸以为场屋之文而糊名选择，无以异于寒士，自抑其贵势，以愿比于窭人儒生而不可得，则《麟趾》之咏，固已作矣。[1]

东莱认为，周代之制，凡是公卿贵人执国柄者以及诸侯之国，大都是同姓的骨肉至亲世代相袭，而与"田野之秀民"无缘，这是典型的"家天下"。而宋代的宗室至亲虽也封以较高爵位，但无权涉及政事；若要求取功名，也要进场考试，糊名选择无异寒士。而且，如果是在朝公卿的亲属，虽然考了高等，亦以"报罢"[2]之例不得授官，即所谓"不可以先寒士而进也"。因此，宋代的帝位虽由赵家世袭，但从其官制而言，确实已接近"公天下"了。这显然就是从"治道大原"之"圣学"而来的

---

[1]《吕祖谦全集》第九册，第159—160页。

[2] 所谓"报罢"，乃是当时一种任官避嫌的临时制度。因宋太宗认为"势家不可与孤寒竞进"，故规定在朝高官的子弟不得再任为高官。

"天下为公"之"大同"气象。正如其《书说·立政》云："观其本原，可以知其发用；观其发用，可以知其本原。"①这是说，所谓"治道之大原"，就是要求应在立国之初，从本原上遵循"圣学"以制定其规模。

三、尊贤任能

治国的先务在于任用贤能之士，这是儒者的共识。然而选拔贤能之士，首先必须具有知人之明。对此，东莱在其《左氏博议·邾子执玉高鲁受玉卑》云："观人之术，在隐不在显，在晦不在明。显与明，人之所畏也；隐与晦，人之所忽也。人之所畏，虽小人犹知自饰；人之所忽，虽君子不能无疵。盖畏则加意，而忽则多不加意耳。苟不能乘其不意，而徒观其加意之时，则令色足恭，矫伪蜂起，其本质真态亦何自而见哉？……凡人之情，为恶于人之所不见，为善于人之所见。欲以欺世而售其奸，胡不反观一身以近取譬乎？……隐之所藏，待显而露；晦之所蓄，待明而彰。……平居暇日，暗室屋漏之所为，至于此时，如遇明镜，无不发见。……君子欲无得罪于众，必先无得罪于独；欲无得罪于朝，必先无得罪于家。苟徒以一日之敬，而盖终身之邪，是浊其源而扬其流，斧其根而溉其叶也。"②东莱认为，若要选拔真正的贤才，应从其所不经意处进行观察，

---

① 《吕祖谦全集》第三册，第375页。

② 《吕祖谦全集》第六册，第50—51页。

才能避免被其表象所蒙蔽。这确实是一种最可靠的观人方法。历史证明，只要能从不经意处观察其人品，则无论是什么乱臣贼子、汉奸卖国贼、谄佞小人和伪君子都会原形毕露，无所遁形，从而选拔出正人君子。

其次，选拔人才还须重视他们各方面的长处。《书说·舜典》云："'惠畴'者，谓顺天下人才而顺之，人各有所长，顺而任之而已。"①同书《立政》云："统名之则曰俊，而其所以为俊者，或直而温，或宽而栗，岂一途所可识哉！不能实知笃信于九德之行，虽随其鉴裁，各有所获，然得之于此，遗之于彼，必不能尽入彀中也。"②人才虽然总名为"俊"，但各人都有自己的擅长；而治国所需，也必须具备各方面的人才。所以选才者必须具有"九德之行"，方免得此遗彼之失，才能把全部人才"尽入彀中"。

其三，选拔人才还须经过实践检验。其《时政论·内外》云："用人之道，讵可信其虚言而不试之以事乎？是以明君将欲付大任于是人，必纳之于胶扰繁剧之地，以观其材；处之于闲暇寂寞之乡，以观其量；使之尝险阻艰难，以观其操；使之当盘根错节，以观其断；投之州县，磨之岁月，习之既久，养之既深，异时束带而立于朝，天下之事，莫不迎刃而解。然后知其始困之，乃所以深爱之也。……欲成远大之器，其可循姑息

①《吕祖谦全集》第三册，第44页。
②《吕祖谦全集》第三册，第369页。

之爱耶?"①使之在艰难困苦中加以锻炼,才能体现其真正的品德和才智。

其四,选拔人才之后,则重在量材任用。《书说·立政》云:"当吁俊之后,群贤四集,天下惟观三宅之举以为向背,政柄有归,则庶官列位,随材授任,盖有司存,非人主之职也。"在群贤四集之时,可由三宅随材授任,人主不必过问。但"三宅"之大任,则必须由人主亲自选拔具有大德而又称职之人担任。"盖大任不可轻付,大德不可小知,必参人己然后尽也。……所用之三宅,实能就是位而不旷其职;所称之三俊,实能就是德而不浮其名。"这是因为"三代所以为社稷长虑者,股肱心腹之任,固宜预求其继也"。只有对三宅"知之既明,待之既恭",然后才能"贤俊奋庸,登于至治"。②

其五,既任职之后,还须按时加以考课,以检查其政绩。其《历代制度详说·考绩》云:"考群臣以课,治道之必然,今世而有意于考课,治道之幸也。……久任则考课,专任则考课,不任法而任人则考课,独任其官之长,而使人自任其属则考课。古者择是人而居是官也,谓其堪是事也,则终其身焉,而何岁月之更代,先后之迭居?惟其事之所由成,功之所由立,则必有次第也,有先后也,故从而考之。……今天下之所谓近民而重者,莫若守令;而朝廷之上,学、省、府、寺众功之所由兴,

①《吕祖谦全集》第一册,第914—915页。
②上引均见《吕祖谦全集》第三册,第370—371页。

则既以三岁、二岁而悉代矣，其所以任之者，反不若一考绩之岁月，则何课之可考？"①在这里，东莱既探讨了考课之必要性，又揭示了当时考课中存在的流弊。因为古时在经过考课认为其对该项职业可胜任之后，就使其长期从事此项职业，则考课才起有良好的作用。而从宋代开始，各级官吏两三年就要调任，则考课已失去其实际的作用。

其六，任人以专。《书说·立政》云："知人不可不尽，任人不可不专。……惟难于未任之先，故易于既任之后。苟先而遽易，则小人得以投隙；后而方难，则君子无以尽心。先后诚不可错施也。"②关于任用贤能之士，东莱还认为除了知人以明、任人以专之外，还应在开始时加以慎重，切忌轻率，其后方保无虞。

东莱还认为，选拔人才之重要，不仅有益于当时，而且还贻泽于身后。其《史说》云："诸葛亮治蜀之规橅，有后人不能尽知。其耕战之法，立国之纪纲，赏罚之信必，此人所共知。最是亮死后，其规橅犹足以维持二十年。以刘禅之庸，菽粟不分，而蜀不乱，此谁能及？后之为相者，身在时尚不能无失，而亮死后，犹若此。只缘亮当初收拾得人才在，故亮之后，蒋琬代之；琬之后，董允代之；允之后，费祎代之。皆是贤者，此亮之规橅有以维持之也。"③

---

① 《吕祖谦全集》第九册，第153—154页。

② 《吕祖谦全集》第三册，第377—378页。

③ 《吕祖谦全集》第二册，第228页。

此外，东莱还详述古时任用贤才的制度，以作为当时的借鉴。《历代制度详说·科目》云："三代之时，一介进修之士，惟上之人自求之，故如此重。又须看当时之于士，待之甚重，而考之则甚详；后世待之既轻，考之又略。……至后世与之甚遽，全以文字高下为进退，盖有以一日之长而决取终身之富贵者。汉唐以来，大抵自重而渐轻，自缓而渐速。由汉以来，虽不能如三代拜受之礼，然犹州长身劝为之驾，虽以当时号为谄谀如公孙弘者，犹是乡人劝勉而来，未尝自进；到得后来，唐杨绾投牒自进，而士始甚轻。此所谓自重而渐轻。自汉至唐，进士登第者尚未释褐，或是为人所论荐，或再应皆中，或藩方辟举，然后始得释褐；至本朝，始放进士及第，即放释褐，此所谓自缓而渐速。"三代时，一旦发现人才，即由上司向下访求，所以上司把推荐人才看得很重，而士人也把进身看得很重；到唐代杨绾投牒自进之后，上司就把推荐人才看得很轻，士人也把进身看得很轻。而且，从三代到两汉，考察人才很详备，所以选拔的人才都能胜任其职；而到隋唐以后，单凭一篇文章或诗赋即可获取终身富贵，使得所选人才很难胜任实职。这确实说中了当时选拔人才中的不少利弊，也值得当今执政者详加思考。

同篇又云："自汉至隋以前，惟孝廉与秀才常行。自隋、唐至本朝，惟进士、明经常行。至熙宁后，王荆公用事，改取士之法，自是进士独存，明经始废。……大抵三代之时，不专是语言文章，至汉以来，则有所谓射策、对策。是时已成科举之习，虽然，尚理会经义，入与时议。到隋炀帝之时，风俗浮华，始有进士之科，方有律赋。自唐以来，孝廉、秀才之科尚在，但只是明经、进士二科盛，而秀、孝衰。是时才记传记则谓之明经，文章之士则谓之进士，故有记问者得明经，有辞藻者则得进士。……至唐初间，进士、明经都重，及至中叶以后，则进士重而明经轻。……到得本朝，待遇不同，进士之科往往皆为将相，皆极通显；至明经之科，不过为学究之类。"本来，博通六艺的"明经"，才是经世之学；而由诗赋进身的"进士"，则是文学之士。然而自唐中叶至宋初时期，进士之科皆为将相，明经之科仅为学究，这无疑是任人制度中的一项弊端。直到庆历诸贤，才有所改观："庆历中，范文正公、富郑公、韩魏公执政，欲先试论策，使文辞者以思治乱；简其程式，使得以逞；问以大义，使不专记诵。自是，古文渐复。"①这一从流弊到反正的过程，也值得有关部门加以深思。

东莱还揭露了一种口头重视贤才，实则忽视贤才的不良作风。其《书说·立政》云："求贤任官，世主曷尝不诵此语哉，貌敬而情则疏也，声善而中则不然也。凡此皆名为之，而非实蹈之也。……虽既号召贤俊，苟工于招纳而拙于采择，犹无益也。"②"求贤任官"是每个世主都挂在嘴上的门面话，但考查其实际行动则不值得恭维。或貌敬而情疏，或心善而心非，这

---

① 上引均见《吕祖谦全集》第九册，第8—10页。

② 《吕祖谦全集》第三册，第369页。

是仅求好贤之名，而未能行选贤举能之实。而且，即使善于把贤俊招纳来了，却未能虚心地采纳其良谟嘉猷而付诸实行，则仍然无益于施治。

东莱还揭示了汉唐以来对待人才的一种恶习。同书《冏命》云："汉、唐之嬖习更相表里，靡不以利合，则舍人才而论货贿，近习之通病也。"①这种"舍人才而论货贿"的"以利合"的做法，虽自汉唐以来就有，但尤为"近习之通病"，其危害不言可知，必须加以警诫。

_____

① 《吕祖谦全集》第三册，第424页。

若要实施仁政，首先必须建立一整套完备的制度，然后在此基础上，制定各项政策和刑法，以实行有效的治理。

一、制度规模

关于治国的具体规模，必须在建国之初进行贯彻始终的周密筹划。东莱在其《书说·蔡仲之命》云："建国之始，图事揆策，必审其始而思其终。终始具举，然而可久可大，而不至于困。徒慎初而不思厥终，则终至于困穷，虽蒀然忧惧，犹无益也。"①所以，在国初创建制度时就应加以深思熟虑，使之自始至终具有持续性，以避免朝令夕改之弊。于是，东莱在同书《周官》中，结合《周礼》的内容设计了一整套系统的制度。

首先是"三公"和"三孤"。他说："三公位皆上公，所论之道即以经邦，燮理阴阳者也。经者，经纶之谓也。燮理者，

———————
① 《吕祖谦全集》第三册，第350页。

和调之谓也。明则邦国，幽则阴阳，幽明之所以然，乃所谓道也。"又云："三公三孤，天子所与共调精稷之源，而无所治者也。"①这里之所谓"三公"，就是太师、太傅、太保；与"三公"相配的则有所谓"三孤"，亦即少师、少傅、少保。三公与三孤都是论道之官，任务是"坐朝论道，燮理阴阳"，而不从事具体职务。他们是皇帝身边最高层的决策官，负责协助皇帝处理重要国事政务，也就是最高的理论指导机构。

其次是"六卿"分职，担任朝廷具体职务。《周官》云："统万事而分治之，则六卿之职焉。六卿者，万事之纲也。"②所谓"六卿"，就是冢宰总管人事官吏，司徒分管学校教化，宗伯分管礼乐邦交，司马分管兵防政令，司寇分管刑法治安，司空分管土地建筑。六卿是中央朝廷的最高官职，其制虽源于周代，其实也基本上相当于元明清以来所实行的吏、户、礼、兵、刑、工六部分职的制度。东莱在其《周官》中对各司的职务有较为详细的论述，兹不赘。

其三是从朝廷到地方的统摄。《周官》有云："治道之达，自百揆而受之以四岳，自四岳而受之以州牧，自州牧而受之以侯伯，本自一源，派于万渎。"③"六卿分职，各率其六十之属以倡九州之牧，自内而达之外。九州之牧，各率其州之诸侯以应六卿之令，自外而受之于内。内倡外应，周浃天下，兆民之

①《吕祖谦全集》第三册，第385、386页。

②《吕祖谦全集》第三册，第386页。

③《吕祖谦全集》第三册，第384页。

众阜厚化成，其治无以复加矣，此成周治天下之体统也。"①从六卿分职以率九州之牧，是自内达外之统摄；由九州之牧率领其属以应六卿之令，是自外受之于内的奉行。这虽然是以周制为蓝本，但在具体实行中，却融贯了东莱的理论。

《周官》又云："学者应事以理，不学者应事以材。力学者以理应事，虽万变而不劳；不学者于理不通，懵然面墙，遇事之至，始一二以材力营之，未至什伯，固已不胜其烦矣。"②东莱认为，为官者必须具有贯通事理的学识，才能"以理应事，虽万变而不劳"；若于理不通而专以"材力营之"，则犹如"懵然面墙"而"不胜其烦"。这阐明了理论指导对于为官能否胜任的重要性。

然而，《周官》又云："人情相下，然后能相入。后世聚讼纷争，人各有心，东曹所与，西或夺之，左台所建，右或毁之，政事庞杂，莫知所适从者，正坐不相下故耳。苟在列者推贤让能，彼此相下，安得不和，政亦安得而庞乎？"③这是揭示官场中的复杂情况：各司或各任官吏互不相下，互相扯皮，将本来有序的政令搞得纷乱不堪。其实，这种现象目前也很严重，如继任的官吏不承认前任的政绩和规划，甚则反其道而行之，另起炉灶，一切以显示自己的政绩为目的，到离任时又留下一堆烂摊子，以致各项规划都难以顺利完成，空费了许多人力、物

①《吕祖谦全集》第三册，第388页。
②《吕祖谦全集》第三册，第390页。
③《吕祖谦全集》第三册，第391页。

力、财力。故东莱认为，居官应以大局为重，彼此相下，协同共济，政令方能有序进行。

《周官》又云："人之居官，患在因循苟且，趣过目前，不以功业自期，故更端而警之，欲其注于心也。功者，业之成也；业者，功之积也。所谓功业者，非欲经营分表而求新奇。凡一官一职，莫不有无穷之事业也。崇其功者存乎志，广其业者存乎勤。勤由志而生，志待勤而遂。虽有二者，当几而不能果断，则志与勤虚用，而终蹈后艰矣。"①这是说，居官者不能因循苟且，而应立志以功业自期，并以勤来实现其功业，才能获得成功。但若"在官守者怵于权利，怀谖行诈，以覆邦家，其害为尤甚"②。在官者为了获取权与利而施行诈伪，乃是对国家最大的危害。所以说："从事于实，则心广体胖，日以休泰；从事于伪，虽殚其智虑，左蔽右隐，人之视己如见其肺肝，日彰其拙矣。天下之至逸而无忧者莫如德，天下之至劳而无益者莫如伪。使小人作伪者共知劳而无益，亦何苦为此乎？"③这是说，为官必须以诚心做实事，力求尽职，就自然日新其德，无愧于心；切勿学小人那样专以诈伪之行谋取权与利，必将劳而无益，自陷于罪罟。这就是居官必须谨守的原则。

---

① 《吕祖谦全集》第三册，第390页。

② 《吕祖谦全集》第三册，第391页。

③ 《吕祖谦全集》第三册，第391页。

二、政令刑赏

为政之道，东莱主张以从宽为宜。其《书说·微子之命》云："自古人君立一代规模，未有不出于宽。其间有若整治严肃者，亦宽之用耳。"[1]虽然有时施行严肃的政策，也是为了更好地获得宽的效果。这其实也就是古人所谓"宽以济猛，猛以济宽"之道。

在实施政令时，东莱强调以"义"为准。同书《高宗肜日》云："义，理也。……至公而无私，厚薄、高下、善恶皆合其宜，即常理也。……天下之理，所以立天下之宜，人君顺其理，称其宜，于大公之中，司民之际，知天胤之均一。"[2]而"义"实含有"正""中"之意。同书《君牙》云："'正'也，'中'也，所谓民之则也。……后世之治，随失随救，所立之法鲜有能终其身。"[3]所出政令，只有符合中、正之义而无偏失，才能保持长期的持续性；如果流于"随失随救"之弊，就不能维护法令全始全终的权威。同书《君陈》亦云："盖政事举措之间，斟酌权量，以求其当而已。"[4]所谓"求其当"，亦即合乎中正之"义"也。

然而情况并非一成不变的，故《君陈》又云："继前人之政

---

[1]《吕祖谦全集》第三册，第261页。

[2]《吕祖谦全集》第三册，第186页。

[3]《吕祖谦全集》第三册，第420—421页。

[4]《吕祖谦全集》第三册，第396页。

者，苟止以持循因袭为心，其所成必降前人数等。惟奋然开拓，期以光大前业，然后仅能不替。盖造始之与继成，其力大不同也。……方克和厥中之时，大体固当宽，苟无制焉，则流荡放侈，乖争陵犯之所由起，安能从容以和乎？驯扰调娱于品节之中，游息化养于范围之内，斯其所以和也。"①因继政之君不同于创始之君，故在"大体当宽"和"求其当"的"范围之内"，又应加以必要的"品节"，才能取得"和"的效果。

《君陈》又云："坐而出令者常易，行而奉令者常难。以易责难，不期于求备而自至于求备。惟居之以宽而体之以恕，庶乎其免是累也。易动而轻发者常败事，故必有忍，然后能济。忍固可以有济，然犹有坚制力蓄之意焉。至于有容，则洪裕宽绰，恢恢乎有余地矣，德之所以大也。"②出令者易而奉令者难，是施政中的实际情况。双方应作换位思考，互相宽恕，才能留有回旋的余地。

《君陈》又云："民之于上，固不从其文，而从其实也。……实之感人，捷于桴鼓，……取之以实，期之以实，始终一实也。"③东莱认为，百姓对于上面所施的政策，不会认可其表面文章，而看重其实际效益。所以，施政必须从解决实际问题着手，才能取得百姓的信任。

关于刑法方面，其《书说·微子》云："夫天生民有欲，无

---

① 《吕祖谦全集》第三册，第397—398页。

② 《吕祖谦全集》第三册，第398页。

③ 《吕祖谦全集》第三册，第399页。

主乃乱。为之法度以防闲之，则邪心不萌，如隄以防水，则无泛溢之患。"①这是先王制定刑法之本意。故同书《君陈》云："用刑之际，必惩一可以止百，然后刑焉。盖用刑当于其要会，而不可泛施也。"②施用刑罚，在于能起"惩一止百"的效果，而不能滥用。所以，同书《康王之诰》云："赏罚，学之见于用者也。"③

《读易纪闻》云："诉讼之繁，多至千百。听讼者欲其尽善而咸吉，苟件件寻一道理以应之，则亦不胜其劳矣。殊不知听讼所以能尽善而咸吉者，本无多术，只是一个中正待之而已。"④这是说明中正治狱之重要。《易说·噬嗑》云："人皆谓刑平国用中典，即谓君子之中道，殊不知以深刻之刑制强暴之恶，正圣人之中也。……小人有恶，从而治之，在我则实无罪，圣人不长小人之恶之意也。"⑤《解》卦云："大凡仁与义本是一事，而今人作两字看，殊不知仁而无义，乃妇人之仁尔。故先王有不忍之心，行不忍人之政，所赦者止于过；若有罪，则义所当刑。自汉以来皆不知此，惟知赦过为仁，而不知有义，至于元恶大憝得肆其志，而善良之民或被其害。以是知仁义之道，本非两事。"又云："凡人之情，皆以尽去小人为失之过，殊不

① 《吕祖谦全集》第三册，第391页。

② 《吕祖谦全集》第三册，第398页。

③ 《吕祖谦全集》第三册，第410页。

④ 《吕祖谦全集》第一册，第528页。

⑤ 《吕祖谦全集》第二册，第35—36页。

知尽去小人，乃中道也。"①这是阐明刑得其宜皆合于仁义、中正之义。

其同书《吕刑》云："开辟之元，有善而无恶，有德而无刑。反善而有恶，惩恶而有刑，用刑之端，初不始于圣人也。……'伯夷降典，折民惟刑'，正其心也；'禹平水土，主名山川'，定其居也；'稷降播种，农殖嘉谷'，厚其生也。是三者皆致力于民之大者，故谓之'功'。……正其心，定其居，厚其生，三者之功既成而殷盛，则所以防闲儆惧之者不可废。"这是说，用刑的目的，在于惩恶以正民心。而"典狱不得行其公者，非为威胁，即为利诱，不过两端而已"。"古者因情以求法，故有不可入之刑；后世移情而合法，故无不可加之罪。此古今之异也。"今人用刑之弊主要在于："故纵而宥以五过，其疵病大率有五：'官'者权势也，'反'者报德也，'内'者女谒也，'货'者贿赂也，'来'者干请也。"若要根除五者之弊，则应"既使之与所纵者同罪，复勉以'其审克之'。审者察之之谓，尽其心也；克者治之之谓，竭其力也。尽其心，竭其力，则私不能夺，而防微别嫌者亦无所不至矣，夫然后可免于五过之疵也"。但若"皆欲其审克者，当赦而不赦，不当赦而赦，所害皆不轻也"。②

其《书说·康诰》云："岂不见常人自犯罪作孽，非人陷之

---

①《吕祖谦全集》第二册，第98、99页。

②上引均见《吕祖谦全集》第三册，第427—435页。

也。如盗贼奸恶，杀夺人财货，刚强勇悍，又不畏死，人皆恶之，刑法加焉，岂庸以次汝封乎？刑加于自犯之罪也，凡所用刑皆然，则契公理矣。"①这是说，用刑于故意犯罪之人，才是契合公理的。

三、赋役财政

关于赋役财政之制，东莱在其《历代制度详说》中有很系统的论述。其《赋役》云："赋役之制，自《禹贡》始可见。……盖当时寓兵于农，所谓贡赋，不过郊庙、宾客之奉，都无养兵之费，故取之畿甸而足。……用兵军役，寓之井赋乘马之法，无事则为农，有事则征役。孟子所谓'有力役之征，有布缕之征，有粟米之征'，当时赋役之征，三句该尽。"古时寓兵于农，属于力役之征，不需要养兵之费，而贡赋仅供郊庙、宾客之奉，故取之畿内而足。

到了唐代，"唐高祖总括历代之政，立租、庸、调之法。租者，乃孟子所谓粟米之征；庸者，乃孟子所谓力役之征；调者，乃孟子所谓布缕之征。……唐高祖租、庸、调之法，承习三代、汉、魏、南北之制，虽或轻或重，要之，规摹尚不失旧"。及至"德宗时杨炎为相，以户籍隐漏，征求烦多，变而为两税之法。两税之法既立，三代之制皆不复见。然而，两税在德宗一时之间虽号为整办，然取大历中科徭最多以为数；虽曰自所税之外

----

①《吕祖谦全集》第三册，第273页。

并不取之于民，其后如‘间架’，如‘借商’，如‘除陌’，取于民者不一。杨炎所以为千古之罪人。何以言之？两税未立之前，非无暴君污吏，尚有经常，有权时，然而分外不过一时横敛，……经常正法原不曾动，有王者作，经常之制自吾复古。杨炎并两税之后，经常、权时混为一区，有王者作，无所取证，而经常、权时者皆在其中，民力安得不重？"唐高祖所创的"租庸调"法，虽有时轻重不同，尚不失古制。虽然或有暴君污吏一时横敛，但因经常正法还在，仍可恢复。然而自杨炎变而为两税法，取大历中科徭最多者以为基数，当时虽称所税之外不取于民，其后却取于民者不一而足。这样一来，百姓的负担就越来越重了。

《赋役》又云："大抵田制，虽商鞅乱之于战国，而租税犹有历代之典制，惟两税之法立，古制然后扫地。……经常之制，王者所当用；一时之权，盖出于不得已之制。然而赋役之制要得复古，田制不定，纵节用薄敛，如汉文帝之复田租、荀悦论豪民收民之资，惟能惠有田之民，不能惠无田之民。田制不定，虽欲复古，其道无由。"①其《田制》云："考历代之田制，上古有井田，汉有限田、名田、教代田，建武之际有度田，晋有占田，后魏有露田，齐有给授田，而唐有口分世业之田，其法制或详或略，其行之或远或近，其利或厚或薄，然大要以为田之制在上，而惟其不知而不行之，苟其知矣，则未有不可行者也。

①上引均见《吕祖谦全集》第九册，第44—47页。

今世学者，坐而言田制，然天下无在官之田，而卖易之柄归之于民，则是举今之世知均田之利而不得为均田之事也。使欲如上古之井田乎？则田不在官，不可得而井也。使欲如汉之限田、名田乎？则有者广占博买，顷亩无极，而上不能禁；无者不能有立锥之地，虽欲及限而无田。故夫田不在官，则代田不可得复，而占田、露田、给授田、口分世业之田皆不得而行。且凡今之患，非上之不知也，惟其知之而不得行，拱手而视民之病，则虽欲考古而验今，将何益于当世？此又不可不论也。如闻长淮沃野千里，荆湖以南不耕者众，倘有在官之田乎，因其在官者举而行之，其详者可以复井田于三代之时；其略而不备，犹得如后世之自以为法，而其田则民蒙实利，而上无空谈之失矣。"①东莱认为，赋税之根本还在于土地制度，如果田制不定，即使施行节用薄敛之政，"惟能惠有田之民，不能惠无田之民"。既然只有有田的富户得到实惠，而对无田的贫民毫无好处，那么贫富的差距只能越拉越远。其实，这也就是历代儒者向往于古时井田制的原因。故《书说·武成》云："三代以前，疆理之政明，一夫受田百亩，小大贵贱各有定分，不可兼并。……自阡陌既开，强家大族自相吞夺。"②因为井田制贵贱受田各有定分不可兼并，所以贫富的差距可以控制在一定的范围之内；而土地成为私产之后，就可以互相吞并，以致贫富各

①《吕祖谦全集》第九册，第118—119页。
②《吕祖谦全集》第三册，第221页。

赴极端而无法控制。然而，当时土地既非国有，井田制已无法恢复。所以，东莱虽已认识到病根之所在，但由于受历史的局限，无法提出切实可行的方案。

关于兵制，其《赋役》云："兵制不复古，民既出税赋，又出养兵之费，上之人虽欲权减，兵又不可不养。兵制不定，此意亦无由而成之。要之，寓兵于农，赋役方始定。若论井田、乘马之法，固难卒行。如限民名田之制、府兵之制，有意于为政者皆可以渐复。何故？限民名田，使其上下受田各有数，亦可自此复井田之法。府兵之制出于农，有事则征役，无事则散归田野。如此，则兵乘之法亦须简易，然后可行。"[1]东莱认为，井田时代的寓兵于农之制虽难以实行，但如后世的限民名田之制、府兵之制之类也是较好的兵制，可以酌情试行。

《钱匦》云："泉布之设，乃是阜通财货之物，权财货之所由生者。……所谓桑农衣食，财货之本，钱布流通，不过权一时之宜而已。先有所谓本，泉布之权方有所施；若是无本，虽积镪至多，亦何补盈虚之数？而以三代以前论财赋者，皆以谷粟为本；所谓泉布，不过权轻重取之于民。……大抵天下之事，所谓经权本末常相为用，权不可胜经，末不可胜本。若徒见一时游手末作之弊，欲尽废之，如此则得其一，不知其二。如魏文帝时，天下尽不用钱，贡禹之论略已施行，遂有湿谷、薄绢之弊，反以天下有用之物为无用。其意本要重谷帛，反以轻谷

---

①《吕祖谦全集》第九册，第47页。

帛。天下惟得中适平论最难，方其重之太过，一切尽用；及其废之太过，一切不用：二者皆不得中。……要之，五铢之钱最得其中。自汉至隋，屡更屡易，惟五铢之法终不可易。自唐至五代，惟武德时初铸开元钱最得其中，自唐至五代，惟开元之法终不可论者，盖无不以此为当。以此知数千载前有五铢，后有开元，最可用。何故？论太重则有所谓直百当千之钱，论太轻则有所谓榆荚、三铢之钱，然而皆不得中，惟五铢、开元铢两之多寡，鼓铸之精密，相望不可易。……国家之所以设钱以权轻重本末，未尝取利。论财计不精者，但以铸钱所入多为利，殊不知铸钱虽多，利之小者；权归公上，利之大者。南齐孔颛论铸钱不可以惜铜爱工，若不惜铜，则铸钱无利；若不得利，则私铸不敢起；私铸不敢起，则敛散归在公上，鼓铸权不下分，此其利之大者。徒徇小利，钱便薄恶，如此奸民务之，皆可以为钱，不出于公上，利孔四散，乃是以小利失大利。……若是上之人不惜铜爱工，使奸民无利，乃是国家之大利。……推本论之，钱之为物，饥不可食，寒不可衣，至于百工之事皆资以为生，不可缺者。……要当寻古义，识经权然后可。"[1]东莱认为，从钱匼本身而言，是一种"饥不可食，寒不可衣"的无用之物，只有以"桑农衣食"为本，才具有流通财货的功能。所以，钱匼必须与谷粟之间得中而适平，才能无弊。而且，只有把铸钱之权归于官府，未尝取利，才能杜绝私铸之弊。

---

[1]《吕祖谦全集》第九册，第92—96页。

　　此外，东莱对于漕运、盐法之制皆有所详论，限于篇幅，故从略。

　　在经济理论上，东莱还率先提出"本末并举"的主张。自秦汉以后习惯于视农为"本"，工商为"末"。然而先秦儒家不仅不"抑末"，而且《春秋》主张实行"通商惠工"的政策。《中庸》亦把"来百工"列为治天下的"九经"之一，且谓"来百工则财用足"，可见对于百工之重视。孟子则曰："市，廛而不征，法而不廛，则天下之商皆悦而愿藏于其市矣；关，讥而不征，则天下之旅皆悦而愿出于其路矣；耕者，助而不税，则天下之农皆悦而愿耕于其野矣。"可见孟子主张应给各行各业的发展创造有利条件。荀子亦曰："故仁人在上，则农以力尽田，贾以察尽财，百工以巧尽器械，……夫是之谓至平。"可见荀子也主张百业平衡协调地发展，并无重农轻商之意。自从法家主张重农轻商，而汉儒则吸收法家之说纳入儒学之后，厚本抑末才成为历代专制统治者所奉行的基本国策，宋明各派道学家亦继其说。这显然抑制了工商业的正常发展，导致了许多流弊。然而，东莱竟能在积习弥深的"崇本抑末"观念大行其势的时代，率先提出"本末并举"的主张，直接继承了先秦儒家士农工商平衡发展的经济思想，不啻是一种独具卓识的高明见解。

第五节

恢复大计

宋代自立国之初，燕云十六州未入版图。而自南渡之后，不仅二帝北狩不归，而又丧失了中原大量国土。所以在当时偏安一隅的局势下，抗金复仇和恢复国土乃成为南宋儒者所最关心的头等大事。东莱作为与皇室休戚相关的仕宦之族，一生矢忠于赵宋社稷，热切希望朝廷能革故鼎新，振兴昌盛。面对偏安一隅的南宋政局，常念"仇耻之未复，版图之未归"，一生致心于恢复大计。

一、方略当审

在乾道六年（1170）第二次轮对时，东莱所上的《札子》，内容主要是论"恢复"。他说：

> 恢复，大事也。规模当定，方略当审；始终本末当具举，缓急难易当预谋。……
> 陛下方广揽豪杰，共集事功，政患协心者之不

多。……唯愿陛下精加考察，使之确指经画之实，以何事为先，以何事为次，意外之祸若之何而应，未至之患若之何而防，周密详审，一无所遗，始加采用，则尝试侥幸之说，不敢复陈于前矣。然后与一二大臣合群策，定成算，次第行之，无愆其素。大义之不伸，大业之未复，臣弗信也。①

这个札子的主要精神是主张通盘筹划"恢复大事"，强调"规模当定，方略当审"，重视"确指经画之实"，而反对"尝试侥幸之说"。

淳熙四年（1177），东莱面呈孝宗的第二份《劄子》，则是推究宋代深罹外患、丧失国土的积弱之源，力陈国家治体之根本。他说：

臣窃惟国朝治体，有远过前代者，有视前代犹未备者。夫以宽大忠厚建立规模，以礼逊节义成就风俗，当儆扰艰虞之后，其效方见。……自驻跸东南以来，逾五十年无纤毫之虞，则根本至深可知矣。此所谓远过前代者也。然文治可观而武绩未振，名胜相望而干略未优，虽昌炽盛大之时，此病已见。如西夏元昊之难，汉唐谋臣从容可办，以范仲淹、韩琦之贤，皆极一时之选，曾莫能平殄，则事功

不竞可知矣。此所谓视前代犹未备者也。……臣窃谓今日治体，其视前代未备者，固当激励而振起；其远过前代者，尤当爱护而扶持。①

东莱从实际出发，认为重文治而轻武绩，乃是赵宋一代最大的弱点，故东莱从根本上提出了文治与武绩必须并重的国策。

正因为宋代不重武绩而导致外患，故东莱专撰《时政论·武备》以论证兵防武备之重要。其云："治世虽未尝好战也，亦未尝忘战也；虽未尝用兵也，亦未尝去兵也。先王于太平至治之世，严师徒，肃号令，谨阅习，所以销患于无形，保治于无极，曷尝以兵为讳哉！……舜当至治之时，固可以忘战而去兵矣。然典谟所书，在内则明射侯以为教养之术，在外则奋武卫以为备御之防，汲汲然惟恐兵之未练，固不闻其以兵为讳也。……武王当至治之时，固可以忘战而去兵矣。司马所掌，于春于夏，则有振旅茇合之名；于秋于冬，则有治兵大阅之法。汲汲然惟恐兵之未练，固不闻其以兵为讳也。……孰谓练兵严备，非太平之先务也？愚故曰：兵者，非治世之所讳者也。"②这是以虞舜与周武王身处太平之世而未尝不重武绩，来论证虽处太平之世也不宜忽视兵防武备。

又云："大抵销兵不足以销兵，惟治兵乃可以销兵；偃武不

---

① 《吕祖谦全集》第一册，第59页。

② 《吕祖谦全集》第一册，第924—925页。

足以偃武，惟讲武乃可以偃武。人徒见文帝之结和比邻，烟火万里，以为偃武之功也，殊不知文帝所以致此者，以有细柳、棘门之备而已；人徒见章帝之儒馆献歌，戎亭虚候，以为偃武之功也，殊不知章帝所以致此者，以有金城戍边之备而已；人徒见太宗之四夷冠带，胡越一家，以为偃武之功也，殊不知太宗所以致此者，以有殿廷习射之备而已。晋武帝当平吴之后可以治矣，恃其治而彻去州郡之备，终致五胡之乱，岂非忘战之害乎？玄宗当开元之后可谓治矣，恃其治而彻去中国之备，终致禄山之乱，岂非忘战之害乎？德宗当兴元之后可谓治矣，恃其治而彻去河、朔之备，终致藩镇之乱，岂非忘战之害乎？由是观之，销兵乃所以召兵，阅武乃所以偃武，其理甚明，无足疑者。然则人君当无事之时，其可不为先事之备乎？"[1]这是从正面以汉文帝、汉章帝和唐太宗身处太平之世而不忘兵备为例，来论证其能获得真正的太平并非偃武之功；又从反面以晋武帝、唐玄宗和唐德宗恃其治世而忘战，分别酿成五胡之乱、禄山之乱和藩镇之乱为例，来论证太平之世忘战之危害。其中"惟治兵乃可以销兵""惟讲武乃可以偃武"二语，洵可谓维持长期太平之名言。

又云："当用兵之际，众人之所重者骑射也，所轻者《诗》《书》也。光武乃投戈讲艺，息马论道，于战马扰攘之中而笃仁义礼乐之用，轻人之所重，重人之所轻，非有先物之几，孰能

---

[1]《吕祖谦全集》第一册，第925—927页。

与于此乎？当偃兵之际，众人之所先者文事也，所后者武备也。光武乃疏筑亭障，修明烽燧，于宴安闲暇之中而严守御捍防之备，后众人之所先，先众人之所后，非有先物之几，孰能与于此乎？天下方尚武，吾独示之以文；天下方尚文，吾独抗之以武。一弛一张，与时推移，彼见其胜敌谓之勇，见其治国谓之柔，是皆刻舟胶柱，而求其迹者也，乌足以知光武？"①这是以汉光武"于战马扰攘之中而笃仁义礼乐之用"，"于宴安闲暇之中而严守御捍防之备"而获得成功的史实，来论证文事与武备不宜偏废之道。

其《时政论·匈奴》云："治天下者，不可以夷狄之强弱为中国之安危。使夷狄之势强耶，则吾中国之不可不治也；使夷狄之势弱耶，则吾中国亦不可不治也。吾知治吾中国耳，彼夷狄奚有于我哉？……及至后世，当夷狄之强则自以为危，危则戒，戒则治；当夷狄之弱则自以为安，安则怠，怠则乱。故夷狄之强弱，虽不足为中国之安危，而实兆中国之治乱。此无它，为人君不能自治中国，而每以夷狄为轻重也。……有艰难多事之形而天下反治，有太平无事之形而天下反乱，独何欤？多事则戒而政修，无事则怠而佚豫，此治乱之所以分也。……自古深谋远虑之士，多以为无外患，则有内忧。……盍若告人君以治内之说，彼夷狄敌国之或盛或衰，外患之或有或无，皆无预

① 《吕祖谦全集》第一册，第927—928页。

于吾事，惟专意于治内而已。"①这是以"夷狄之强弱"与"中国之治乱"的关系，来论证"不可以夷狄之强弱为中国之安危"。结论是不管夷狄如何盛衰强弱，"皆无预于吾事，惟专意于治内而已"。

综上所论，东莱从"规模当定，方略当审"的高度出发，从多方面加以论证，认为文事与武备必须并重而不宜偏废。这是"恢复大计"的理论基础。

二、借古论今

东莱所谓"方略当审"的具体规划，可从其《六朝十论》中得到详解。东莱所作《六朝十论》，虽论六朝之事，实为针对南渡君臣如何进取恢复而发。其《吴论》云："（孙）权之兵众，……亦可谓弱矣。然权用之如此之固且强，何也？盖权之所以自立者有谋而已。不独用其臣之谋，而又自出其谋，内以谋用众，外以谋应敌。所以地狭兵少，处天下之至弱，而抗衡中原，成三分之势者欤！"这是说，孙权之兵虽弱，而其所以能抗衡中原者，在于善用谋略。这显然是针对南宋君臣疏于谋略而言。接着又云："然权起非仗义，徒知以割据为雄，不能兴汉室以倾天下之心。使当汉末大乱，权能招徕中原之士，广募西北之兵，缉马步之锐，挟舟楫而用之，鼓行北出，水陆并进，孰能当之哉？当曹丕之立也，权又能求汉室子孙而辅之，出师

---

① 《吕祖谦全集》第一册，第928—931页。

问罪，刘备必亦连衡而掎角，中原之士挟思汉之民必有起而应我者矣。权不知出此，徒自尊于崎岖蛮夷山海之间，故虽力为计谋诡诈，然基业仅足以终其身，而无足以遗子孙；仅足以保其国，而不足以争衡天下。惜哉！”①这段话，与当年孙权所处的形势并不甚合，而作为针对南宋君臣甘于偏安一隅，不思进取以恢复中原的隐喻则很确切，并认为只要抓住有利的形势兴师北伐，则思念故国的中原之士必将群起响应。计不出此，深感痛惜。

其《晋论上》云：“晋以中原正统所系，……天下共主，而百余年不能平天下，雪仇耻，恢复旧物，晋之君臣斯可罪矣。……今夫晋室南迁，士大夫袭中朝之旧，贤者以游谈自逸，而下者以放诞为误，庶政陵迟，风俗大坏。故威权兵柄，奸人得窃而取之。士大夫虽有以事业自任者，亦以政事不修，财匮力乏，而不得尽其志。可胜惜哉！……夫政事已修，任属贤将，而待可为之时，时而进焉，则无不成矣。晋既内无政事，外而任属又非其人，虽有中原可乘之时，而我无以赴之；虽赴之而败矣。”这段话，以东晋隐射南宋已非常露骨，因而断定：“晋之政事不修，任属非其人，虽有中原可乘之时，亦无能为也。……则东晋未有复中原雪雠耻之期，端坐江左以待衰弱灭亡而已！”于是正面提出建议：“内修政而外攘夷狄。……盖急急自治，政事既修，恢复之备已具，事会之来，不患无也。一

---

①上引均见《吕祖谦全集》第一册，第894—896页。

且观衅而动，将无往而不利矣。"①接着在其《晋论下》云："君臣上下，自以江东之业为万世之安，心满意足，孝武渐生奢侈于上，道子之徒窃威柄于下，……不待外敌之强而国遂亡矣。圣人于无事之时，而为持盈守成之戒，可不信夫！况东晋雠耻未复，遽以无事自处，不其愚哉！"②这显然是借东晋君臣而对南宋君臣作了无情的批判。

其《宋论上》云："宋武之北伐，……独用南人，转战山河之间，往返万里。使裕收燕之后，选用燕之豪杰，广募壮勇，以倾三秦；得秦之后，选用秦之贤杰，广募壮勇，以倾河北；分爵裂土，以功名与众共之，东伐元魏，非元嗣所能抗也。举元魏则中原尽得矣。……裕之施为，既已不能选用燕、秦贤杰，广募壮勇，而区区用远客之南兵，已败不可支。……数十年之得，一朝失之，古今所惜。"③这显然是以南朝宋的战略得失以资南宋之借鉴。

其《宋论下》云："自古东南北伐者有二道：东则水路，由淮而泗，由泗而河；西则陆路，越汉而洛，由洛而秦。自晋氏南迁，褚裒、殷浩、桓温、谢玄，皆独由一道以进。至于武帝，则水、陆齐举，故能成功。今文帝专独用南兵，而专恃水战舟楫之利，虽尝使薛安都等尽力于关陕，而孤军无援，形势不接。此三者文帝之所以败也。使文帝得贤将而任之，屯于淮，外委

---

① 上引均见《吕祖谦全集》第一册，第897—898页。

② 《吕祖谦全集》第一册，第899页。

③ 《吕祖谦全集》第一册，第901页。

以经略；不独用南兵，而号召中原之众；不独恃舟楫，而修车马之利。则虽未能坚守河南，亦不至于一败而失千里之地，再败而胡马饮江也。"①东莱认为，宋武帝北伐，水陆并进故能成功；宋文帝专恃水战，孤军无援所以败北。这显然是在向朝廷进陈北伐战略。

其《齐论上》云："天下之情，艰难则勤，承平则惰。勤者虽弱小而奋，惰者虽盛大而衰。……然元魏既衰之后，宋氏多事，齐氏享国日浅，梁武谬于攻取，待元魏至于国分为二，然后自毙。若使南朝有英武之主，智谋之士，蓄开拓之备，而伺其隙，则元魏岂能据有中原如是之久也哉！"②这是为南朝的宋、齐、梁三朝皆未能乘北魏既衰之机北伐中原，感到可惜。

其《齐论下》云："齐之君臣度未足以开拓，故亦不敢深为报复之计，待其通使我，然后归其俘而纳之，亦计之是者也。然敌情无常，和好不久，高祖与之讲和，五年而明帝篡立为辞，分道入寇。夫魏孝文岂专为名义者哉？求土地之获而已。使齐氏自通好以来，边备不修，一旦变起，国中未靖，外难又至，岂不殆哉？不知和好之不可恃，自两汉以来然矣。"③这是说明和议之不足恃，借以批评当时主和者之失策。

其《梁论上》云："陈庆之以东南之兵数千入中原士马强盛之地，大小数十战，未尝少挫，遂入洛阳。六朝征伐之功，未

---

① 《吕祖谦全集》第一册，第902页。

② 《吕祖谦全集》第一册，第903—904页。

③ 《吕祖谦全集》第一册，第904页。

有若是之快者也。然卒以败归，理亦宜然。何以言之？夫孤军独进，不能成功，自古皆然。当时梁武使诸道并进，乘魏人上下崩离之际，分收郡县，河南之地必可取也。庆之既至洛阳，纵士卒暴横市里，此岂吊伐之师乎？当时能整军阵，宣布梁德，取不乐尔朱氏之人而用之，改立魏主，则河南之地，虽不版图，必当为附庸之国矣。南人善步战而少马，庆之能鏖北兵于平原旷野，使挟战而用，胡可敌哉？自入敌地，务广骑兵，使不乐南之人与南人善射参用之，纵不能守洛阳之地，多得骑军，犹足以归壮国势，且安得有嵩阳之败哉！"①陈庆之所以先胜后败，劳而无功，原因在于：一则孤军独进，缺乏后援；二则纵士卒横暴，而非吊民伐罪之师；三则未能将北人善骑与南人善射的优势结合起来。这三条，皆可作为南宋北伐时的借鉴。

其《陈论》云："盖自晋以来，习于水战，以江自恃，初不知我能渡，敌亦能渡，何足恃哉？以愚观之，江，若夫北之河耳。大河犹有悍湍之虞，若江则顺风登舟，一瞬可济。虽有京口、采石、浔阳、武昌、巴陵，号为控扼，岂秦关、剑阁之比哉？守江之计，必得淮南以为战地，荆楚控扼上流，又有舟师战于江中，然后可以粗安。孙权之拒曹操，东晋之拒符坚，宋之拒魏太武，齐之拒魏孝文是也。若曰亡淮南、荆、襄，而独凭恃洪流以为大险，岂不可笑也！……后之智计君子既有见焉，

①《吕祖谦全集》第一册，第904—905页。

谨勿割弃荆、淮而为守江之论也。"①此论割弃荆、淮以江自恃之非计。

东莱所筹划的恢复大计，宗旨在于强调"规模当定，方略当审"。而其所谓方略，根据其《六朝十论》所论，可以把他的抗金战略归纳为如下几点：其一，内修政而外攘夷狄；其二，和议不足恃，必须常修战备；其三，静待时机，观衅而动，不可盲目激进；其四，宜水陆并进，切忌孤军深入；其五，以中原正统、天下共主的名义号召中原豪杰响应；其六，作为吊民伐罪之师，应严守军纪，宣布德政，不能纵兵横暴；其七，应将南人善射与北人善骑加以组合，方具优势；其八，切勿割弃荆、淮而恃长江之险。由是观之，他显然是一个稳健而务实的抗金论者。

三、兵防设施

在"规模当定，方略当审"的思想指导下，加强兵防设施乃是恢复大计的具体作为。其《书说·汤誓》云："王者固仁义之兵，然利害向背，亦必决择。"②旨在报仇雪耻和恢复国土的王者之师，虽然以吊民伐罪的仁义之兵作为号召，然而在军事上的利害向背必须有所抉择。这就是兵防设施和战略战术的问题。

---

① 《吕祖谦全集》第一册，第907—908页。
② 《吕祖谦全集》第三册，第113页。

其《左氏博议·越败吴于笠泽》云:"兵者,君子之所长,小人之所短。……盖君子之于兵,无所不用其诚。世未有诚而轻者,敌虽欲诱之,乌得而诱之?世未有诚而贪者,敌虽欲饵之,乌得而饵之?世未有诚而扰者,敌虽欲乱之,乌得而乱之?用是诚以抚御,则众皆不疑,非反间之所能惑也;用是诚以备御,则众皆不怠,非诡谋之所能误也。彼向之所以取胜者,因其轻而入焉,因其贪而入焉,因其扰而入焉,因其疑而入焉,因其怠而入焉。一诚既立,五患皆除。……彼常劳,而我常佚;彼常动,而我常静。以佚制劳,以静制动,岂非天下常胜之道乎?"①一般人认为兵乃诡道,是小人所长。但东莱认为,作为统帅,必须具有君子之"诚"的本质,才能处诡谲之地而岿然不动。所谓"诚",存于内心谓之"诚",施诸事务则就是"实事求是"。所以,为将者不仅对于自己军队必须以诚相待,即使对敌施行诡道,也必须从实事求是出发,才能获得成功。所以古人谓"为将者仁、信、智、勇、严五者缺一不可",这五者也是君子所必具的品质。因此,为将者只有运用君子之道治兵,才能取得最后的胜利。

其《历代制度详说·屯田》云:"入敌境为国守,取敌地为国圄者,古人之所以置屯也。斥地与敌,守内虚外,以常为变,以易为难,今世之不得守,兵也。善为国者,岂固幸天下之多事,必入敌境、取敌地而守之,因难出奇,而后可以为功哉!

---

① 《吕祖谦全集》第六册,第23—24页。

天下有道，守在四夷；诸侯有道，守在四邻：此善守之喻也。……今淮之内守者为建康，襄之内守者为丹阳，汉之内守者为鄂渚，而浙之为内守者，行都是也。天下固不当有防内地置重兵而谓之守也。敌人窥伺，兵革四起，疆埸之间，朝秦暮楚，曰守可也。委长淮之扞蔽，弱襄汉之镇戍，自庭而堂，自堂而室，守之可乎？……夫警备于平居无事之时，屯守于阃奥至安之地，未尝有一日之战，而上下交以为至难，此所谓斥地与敌，守内虚外，以常为变，以易为难者耶？……且夫事不急则力不倍，势不难则功不立，天下惟无事也，是以豢养骄惰至此。明天子方将振励警策，作天下之气，用六军之死命，则屯守之规摹固将有所改易，不如今日而遂已也。"①东莱认为，防守之道，应该把重兵安置在边疆境外，而不宜屯守在阃奥至安之地。"守内虚外"是当时一种严重的战略失策。

同书《兵制》云："府兵之置，居无事时，其番上者宿卫京师而已。若四方有事，则命将以出，事解辄罢，兵散于府，将归于朝。故士不失业，而将无握兵之重，所以防微渐，绝祸乱之萌也。府兵法坏而方镇盛，武夫悍将，虽无事时，据要险，专方面，既有其土地，又有其人民，又有其甲兵，又有其财赋，布列天下。然则方镇不得不强，京师不得不弱，故曰措置之势使然者，以此也。"②东莱认为，府兵之制是一种较为合理的兵

---

① 《吕祖谦全集》第九册，第126—128页。

② 《吕祖谦全集》第九册，第131页。

制，在兵与将、朝廷三者之间的关系上都可以处得其宜。其法坏而方镇盛，以致造成方镇强而京师弱的形势。

又云："宋朝制兵之失，起于唐室方镇之兵盛，自古未尝有养兵数十年而不用者。……盖唐末诸镇各擅财赋，养兵以抗人主，唐以是亡，而五代之废兴，皆因于兵。太祖皇帝惩艾前事，所谓黜削其权者，乃是将权，至于兵则未尝制置。"这是追述宋代制兵之失的根源。"太祖方欲以兵定天下，故严阶级之法，明抚御之道。其时止十五万，则天下之大亦不知有养兵之用。太宗皇帝既平太原，欲遂取幽州而不克，自是无岁不有契丹之寇，故末年之兵已至三十万。真宗与北方盟，罢兵为和，而兵盖已五十万矣。及元昊为难西方，益兵遂至八十万。盖执国政者不考本末，但以益兵为功；为将帅者不知力战，惟以益兵为请，而天下自是遂以百万为籍矣。呜呼！循目前之弊而狃于后世兵农之既分，则真以为兵者所以卫民，而民者所以养兵也。天下岂有弥历百数十岁，养百万之师，未尝有战斗之事，而饱食安坐以嬉者哉！盖历代兵制之失，未有过此者。"这是历叙兵数从宋初十五万到南渡时百万之众的过程，且痛论宋代制兵之失。"今天下当分裂之余，而养兵无异于全盛之世。……夫循今日之养兵，则兵益弱而不可强，则财益竭而不可丰，痈疽之患，心腹之忧，以制吾国家之命者，是兵之为也。"这是深论宋代兵制之失所造成的危害。于是乃从正面提出自己的看法："夫为天下之浮论者，曰兵不可不多；为国家之实计者，则兵益少而后能益精，益精而后能以十万之师为百万之用。敌之所畏，畏其精也，非畏其多也。"①这就是"兵贵精而不在多"的理论。这不仅解决了兵制本身的问题，而且也解决了养兵之费的问题。

东莱从恢复大计出发而所作的一系列论述，都能针对当时的实际情况而说中其要害，莫不贯串着"务实"这个以经世致用为宗旨的基本精神。

①上引均见《吕祖谦全集》第九册，第136—138页。

第五章 务实致用之道

在宋代学派林立之世，东莱婺学所以能独树一帜而形成巨大的影响，在于其学术与学风具有很多特色。这些特色，不仅在地域范围内和历史发展上有其巨大作用，即使在今天，也还有足资借鉴和参考的价值。因而总结其一生的治学实践和学术特色，提取其在现代社会仍具有积极进步意义的精华，以资治国理政之借鉴，乃是本书的最终目标。

综览东莱的学风特色，大致可以归纳为刻苦严谨、两端并重、兼容博取、批判创新、务实经世五个方面。兹试予论述。

一、刻苦严谨

东莱在年轻时即以博洽多闻为世所称，这当然是从刻苦勤奋中来。他一生从事读书、讲学、著述，可谓手不释卷，身卧病榻仍然著书不辍，研治学问也很严谨认真，因而取得了卓越的成就。

东莱一生家庭忧患频仍，除丧父丧母而外，三次丧妻，一次丧弟，二次丧子，一次丧女，加之连续丧友，屡遭不幸。父母丧亡对于儒门而言虽然是昊天罔极之痛，但毕竟还属于每个人都必须面对的正常现象；然而多次的丧妻、丧弟、丧子、丧女的异常之痛，却更非一般人所能承受。从儒门所最为看重的"五伦"而言，东莱除了在君臣关系上还算比较顺利而外，无论在父子、夫妇、兄弟乃至朋友的关系上，都曾受到过莫大的伤痛和刺激。东莱本来就不是一个体魄强健的人，家庭生活和朋友交情的屡次不幸，使其身心一再受到重创，以致正当四十二岁的盛年，就患了严重的风痹之症，但仍然长期坚持著述不息。

东莱的风痹之症本来就是一种不治之症，行坐不便，生活不能自理，加之精神上的悲苦和从事著述的过度劳累，以致病情日益加重。也许因为这仅仅是肢体之病，在神志上并未受到影响，加之他一贯以来的好学乐道的乐观主义精神，所以并没有想到自己很快就要辞别人世。他从身患重病至四十五岁去世的短短两年半时间中，还再次修订《吕氏家塾读诗记》，撰写《古周易》《周易系辞精义》《古易音训》《书说》《宗法》《祭礼》《欧公本末》《坐右录》《卧游录》《庚子辛丑日记》乃至历史巨著《大事记》等著作。其中《书说》和《大事记》尚未完成，而《读诗记》一直修订到离逝世仅隔一天为止，仍未完成。他在临终前几天，还信心十足地给新任参知政事的周必大写信谈及自己的学术计划："近日来读书，视旧颇不卤莽。若得十数年休暇，无他病挠恼，于句读训诂间或粗有毫分之益也。"[1]他自信即便长期风痹卧榻，但只要没有再染其他重病，仍将一如既往从事读书著述。朱子的祭文中谓其"既一卧以三年，尚左图而右史"[2]。这种求知的欲望和治学的毅力，确实是惊人的。

东莱不仅刻苦勤学，而且治学十分严谨认真。他早在给丞

---

①《吕祖谦全集》第一册，第444页。

②《吕祖谦全集》第一册，第753页。

相周必大的信中透露过自己一生的治学步骤："意欲及筋骸尚未衰惫，考治训诂，极意翻阅；至五十以后乃稍稍趋约，庶几不至躐等也。"①这说明，他的治学有严格的步骤，既无欲速之心，亦无追求捷径之意，而是打算在五十岁之前以博学为主，扎扎实实地打好基础，到五十岁以后才进一步从事由博返约的功夫。这确实是一种严谨而务实的治学方法。只可惜他未到五十岁就过早去世，还远远未曾达到他所能达到的高度。我们可以推想一下：假如东莱能有朱子一样的年寿，在五十岁前的五年时间再进一步博览群书，用五十岁以后的二十多年时间进行由博返约的工夫，建立起全面而系统的思想体系，其成就当至少不亚于朱子。然而天妒贤才，惜哉！朱子哭东莱的祭文中称他"德宇宽洪，识量闳廓"，而对其治学精神，更深加赞赏："矧涵濡于先训，绍文献于故家；又隆师而亲友，极探讨之幽遐。"②东莱这种严谨的治学态度，确实值得取法。

东莱治学严谨，大致有如下几个方面：其一，讲究扎扎实实做学问，实学实用，反对空疏自喜和侈谈心性自高。其二，不凭主观，也不徒事记诵；对文献注重考订，务使精确可信，足资参证；言论务求据之于事，验之于物；反对道听途说，武断臆测。其三，主张学有统绪，有本有源，全面而系统地做学问，博洽而有要领，广收而能深入；反对浮光掠影、偏执不化

①《吕祖谦全集》第一册，第444页。

②《吕祖谦全集》第一册，第753页。

和眼光狭小等。

东莱通过刻苦严谨的治学工夫，才产生了多不胜计的辉煌成果，达到了卓越的水平，为弘扬中华民族的优秀传统文化作出了巨大贡献。

二、两端并重

儒家是以"执其两端用其中"的中庸之道，作为立身处世和治国安民的方法和准则的，因而强调互相联系的各方面之间的协调平衡而达到高度的统一，诸如道德与知识的统一，内圣与外王的统一等。故在价值取向上，也表现为重群而不轻己，重本而不轻末，重义亦重利，重文事亦重武备，重人文亦重科技，重和谐而不取消斗争，等等，无不体现了两端并重以达到高度统一这条基本原则。

然而，宋代的道学家，无论程朱理学抑或陆氏心学，在立言上确实都有重道德而轻事功、重"内圣"而轻"外王"的倾向，而陆氏更表现为重道德而轻知识的倾向。他们的具体表现则为重经轻史、重道轻文、重体轻用、厚本抑末、重道德而轻知识、重性理而轻事功等等，严重背离了孔门所传的中庸之道，以致由此而出现诸多偏离中道的失中现象，造成了社会各方面的种种流弊。

独有东莱的婺学率先从理论上针对这种弊端提出批评。他说："学者自应本末并举，若有体而无用，则所谓体者，必参差卤莽无疑。"这段话明白宣示重体轻用、崇本抑末的倾向，不仅是偏，而且有大害。所以他在毕生的治学、教育、著述乃至实践活动中，无不贯彻了两端并重以达到高度统一这条原则。具体表现则为经史并重、文道并重、道艺并重、体用并重、本末并举、道德与知识并进、性理与事功兼修等等，在理论上力求各方面的协调平衡而达到高度统一的境界。

其实，儒家素有所谓本末之论。《大学》曰："物有本末，事有终始，知所先后，则近道矣。"这是说，凡事都有本末之分，而且必须先本后末，然后谓之"近道"。但是，有先后之分并不等于有轻重之分。正如《大学》以明德为本，新民为末，也只是说明"新民"必须先有"明德"作为基础而已，并非认为"新民"不重要，相反的是认为"明德"的最终目的就是为了"新民"，"明德"的价值也只有在"新民"的事业中才能有效地体现出来。

在经济方面，中国古代素有"以农为本，工商为末"的说法。先秦儒家虽也认为农乃立国之本，但重农而并不轻商。只是，先秦的法家确实有重农轻商的倾向。法家主张以"耕战"为富强之本，而以工商为无益于国家的"五蠹"之一。及至汉儒吸收法家的重农轻商思想纳入儒学之后，崇本抑末、重农轻商才成为历代专制统治者所奉行的基本国策。宋明道学家也多持崇本抑末之说，导致了许多流弊，不利于经济的协调发展。因此，东莱独能在理论上率先提出"本末并举"的观点，是具有力挽狂澜之重要意义的。

正由于东莱的婺学倡导两端并重的思维方式，主张全面而平衡地发展，才能在宋明道学盛行之世独树一帜，使之明显区别于其他道学流派而形成最符合孔门本旨的优良传统，并成为浙学的显著特色。

三、兼容博取

在学术上提倡广泛交流，兼容众说，博取众长，是东莱婺学的又一个显著特色。这一特色由吕氏家学的中原文献之统开其端，经东莱的进一步发扬，并为浙江学者所普遍认同和遵循。此后，一直有效地推动着浙学的正常发展。

东莱继承并发扬了吕氏"不私一说，兼取其长"的家风，主张在不同观点之间应广泛交流，以期达成共识；即使观点达不到一致，也应互相兼容，故而明确提出了求同存异、博取众长的治学态度。他认为，世界上学术观点完全一致的情况是不存在的，即使彼此意气相投，学术见解相当接近的人，也总有不少不一致的地方。其《杂说》云："人之相与，虽道合志同之至，亦不能无异同。且如一身早间思量事，及少间思之，便觉有未尽处。"[1]即以同一人而言，早上考虑的问题，过一会再考虑时便觉得"有未尽处"，需要加以修正，何况是不同的人呢？故"道合志同之至"也总有分歧。所以他主张学者在学术问题上应该具备求同存异的度量，反对学派之间无谓的论争。而且，他还进而提倡学者对于不同的学术观点要广泛接触交流。他认

---

[1]《吕祖谦全集》第二册，第264页。

为只与自己意见相同的人交往，而拒绝与不同观点的人交流，是不利于自身学术水平提高的。其《与刘衡州》云："近日思得吾侪所以不进者，只缘多喜与同臭味者处，殊欠泛观广接，故于物情事理多所不察，而根本渗漏处，往往鲁莽不见，要须力去此病乃可。"①他将学业"不进"的原因，归结为"多喜与同臭味者处，殊欠泛观广接"，是有深刻道理的。

故他在《与朱侍讲》书中坚决反对"道不同不相知"的观点，认为这样做"诚未允当"，未免"颇乏广大温润气象"。基于这种认识，能根据"道并行而不相悖"与"天下殊途而同归"的宗旨，以求同存异、"和而不同"为原则，与各学派之间都能和谐相处，并以宽宏兼容的雅量与各学派之间保持深厚的友谊进行正常的交流，以推动传统儒学的正常发展。这才使他超越了当时诸家，使自己的学术"兼取众长"，形成了博大宏富之学术体系。

以求同存异的态度来对待不同观点乃至不同学派之间的广泛交流，显然是有益于推动学术的正常发展的。东莱与朱、陆两派在学术上有明显分歧，但与朱、陆两人的友谊却非常深厚，常能平心静气地与之探讨，并能以"和而不同"的原则以期殊途同归。这一原则集中体现在由东莱所组织的鹅湖之会上。鹅湖盛会不仅开创了不同学派之间进行广泛交流的良好风气，使朱、吕、陆三家都有所获益，而且还为后来朱、陆二人曾一度

---

① 《吕祖谦全集》第一册，第453页。

在白鹿洞之会上达成融洽铺设了道路。可惜由于东莱的早逝，朱、陆之间的融洽未能长期保持下去。东莱之丧，各学派都来赴吊致哀，表示由衷的悲痛，就是东莱能以求同存异之心对待不同学派的结果。这种不以学术上所见不同而影响道义上的互相尊重的优良风格，是值得称赞而发扬的。后来继起的婺州学者，大多都能继承并发扬广泛交流、兼取众长的优良传统，并在清代浙东学派中更得到进一步发扬。

显然，东莱的"广泛交流，兼取众长"这一特色，不仅为自己的学术发展开拓了广阔的天地，而且为整个浙学在广阔的天地中形成独树一帜的特色开拓了更为宏大的气象。

四、批判创新

东莱在主持丽泽书院时，出于求真务实之旨，总是鼓励学者应善于质疑而有助于创新。他认为"读书无疑，但是不曾理会"。其《杂说》云："学者不进则已，欲进之则不可有成心。有成心则不可与进乎道矣。故成心存则自处以不疑，成心亡则然后知所疑矣。小疑必小进，大疑必大进。盖疑者，不安于故而进于新者也。"[1]东莱认为要真正读懂书，就必须理会其"所以然"，了解其义理之所在。故其《易说》主张对"古圣贤之言行"，"察定以求其心"。而且他还教门人要敢于跳出习熟的范围之外。他在《易说·随》卦中指出："今之为学，自初至长，

---

[1]《吕祖谦全集》第二册，第258页。

多随所习熟者为之，皆不出窠臼外。惟出窠臼外，然后有功。"①为此，他在《策问》中大胆要求学生"毋徒袭先儒之遗言，毋徒作书生之陈语"。东莱的这些思想，为破除陈旧观念的束缚提供了武器，起到了活跃学术空气，解放人们思想，跳出古人窠臼，而有助于创新的作用。

由此可见，东莱之所以重创新，不是为了标新立异，更不是追求语必惊人，而是要求学者们把精力用在广大的学术领域内去发前人之所未发，起着如韩愈所说的"补苴罅漏，张皇幽眇"的作用。他致力于文献的积累，救起经义的坠失，补充志乘的不足，是极有功于学术界的。

同样出于存疑和创新的思维，东莱还具有敢于批判的精神。对于当时腐败的政治，他积极呼吁"更革弊政"，"革乱为治"，"惠民图强"，"恢复版图"。同时，他还大胆批评皇帝"独运万机"之弊，明确指出"天下非一人所为"；君主要"与同心同德之贤相共立"，"君道善群"；"独立孤陋，固是凶道"；并认为社会的文明进步亦非君主"一手一足之力"，"当藉众人之力而共建明之"。

东莱除了极力批判当时的道学而外，还对许多只发空言、不务实学的历史人物作了批判，特别对佛道两教尤加痛斥，举凡一切谶纬、神鬼、迷信之说，也都反对。

东莱不但敢于反对他们所认为不合理的东西，也敢于坚持

---

① 《吕祖谦全集》第二册，第24页。

他们所相信是合理的东西。东莱平心易气，不欲逞口舌，便有人说他没主张，并举鹅湖之会为证。其实，他是有自己的见解的。朱子、张南轩说他好文史，博杂害事，劝他改弦易辙靠拢道学，他不为所动，仍以文史教育后学，足见他不仅有所守，而且守得很牢固。

东莱的批判精神是可贵的：首先，他无所畏惧，敢于向禁区进攻，敢于向权威挑战，在他的面前不存在什么神圣不可侵犯的东西；其次，他的批判虽然很大胆，但不借虚声吓唬人，不用大言压服人，而是有根据、有分析、有比较地摆论点，持之有故，以理服人。

善于存疑、敢于批判和勇于创新的实质，正在于坚持实现他所主张的"求真务实以资经世致用"的宗旨。

五、务实经世

东莱讲学时传授经世致用的实学，包括经、史、百家以及从政的艺能在内，但重点是史学。他讲学之所以重史，是教导学生从中去领会治道，测古证今，变化应用，并在治学中发扬切近人事、不托空言、实事求是的史学精神。

东莱与当时理学家一样，也很重视道德，所不同的只是他所讲的道德十分具体，包括切近人事、有益于匡时救世、裕国惠民之类的道德规范。至于他讲实用，也不是徒求有用，而是以实学作为理论的基础。他主张以史学为主，并提倡一艺一能都要学；更不是只学一点艺能，而是要全面掌握济世安民之大道和才能。

他在学术上所重的是接统绪，在政治上所重的是见大计。东莱强调有国者要想在政治上有事功可见，其端在于能用才能之士共同治理国家，而俊秀之士也应准备好条件为政治服务。他拳拳服膺孔门所倡导的"仕而优则学，学而优则仕"的教导，故主张人才要靠长期的教育培养，才智要在实用中锻炼。他对"为政由学"的道理讲得很多。

东莱其实也是力求用世的人物。他之所以如此，有两个重要因素：一是远绍孔子之教，一是近忧当时的国情。他之所以重视济世安民事业，正是继承了孔子以天下安危为己任的济世胸怀；而南宋时既有外侮，又且内患深重，故在其《轮对札子》中，力言修实政以收复故土，乃当前之大事。他本诸匡时救世的爱国热忱，讲求实学实用，力求施之于实际政治以见事功之效，正是体现了儒家积极济世的胸怀。

东莱继承和弘扬家传的中原文献之统，其学以经史文献为内容，经世致用为目标，而以求真务实为方法。东莱治学主张"多识前言往行"以吸取历史经验，又以"讲实理、育实材而求实用"的教学方针从事教学，其基本精神即在于"求真务实"，由此而培养了许多经世致用的人才。

总之，正由于东莱具有以上五方面的显著特色，才有利于与其他各学派之间展开正常交流；也由此而使他所创建的婺学能在宋明道学盛行之世独树一帜，并在学术思想史上形成巨大的影响。

第二节

会同交流

南宋前期，学派林立，观点各不相同。东莱与各学派之间都能和谐相处，进行正常的学术交流，并致力于协调其他学派之间的关系，以推动学术的正常发展。

一、学术分歧

南宋初期，名儒辈出，各家以自己所领会的儒家学说展现于世，导致学术界各派林立之局。从全国范围而言，其初有所谓"东南三贤"之誉，其中朱子首创闽学，东莱首创婺学，而南轩张栻则为湖湘之学的代表人物；继而又成朱、吕、陆三家鼎立之势，即朱子的理学、陆象山的心学以及兼取二者之长的东莱的性理之学三家鼎立之局。从浙江范围而言，金华有东莱的性理之学和说斋唐仲友的经制之学，永康有龙川陈亮的事功之学，永嘉有以水心叶适为代表的经制事功之学，明州有以甬上四先生为代表的心学。而东莱与龙川、说斋三家皆集中在婺州，故婺州乃成为当时最为兴盛的学术重镇。

显然，无论在婺州抑或浙江乃至全国的学术界中，东莱都是以"兼取其长"或"并包一切"的学风为其特色而独树一帜。所以全谢山序《东莱学案》云："小东莱之学，平心易气，不欲逞口舌以与诸公角，大约在陶铸同类，以渐化其偏，宰相之量也。"从全氏的评论中，不难得出这样的结论：东莱吕氏之学，从学风上说，乃是一种善于兼容异说，博取众长，旨在协调诸家以期达到殊途同归的和谐之学。

由于东莱有提倡广泛交流和兼取众长的特色，因而不仅在婺学内部的师友之间形成热烈的讲习讨论的风气，而且与其他各学派之间也经常展开有益的学术交流活动。其中当以东莱所组织的"论学三会"最为突出，而其他学者也大都能保持这一优良学风。

东莱一生师友门生众多，学术交流相当频繁，其中当数与朱子、张南轩、陈龙川、陆象山的交流最为重要。这是因为，东莱与朱子、张南轩并称"东南三贤"，吕学与朱学、陆学则是南宋前期三分鼎足之势的三大学派，而陈龙川又是当时独树一帜的事功之学。故他们之间的学术交流具有意义重大的代表性和典型性。

朱子名熹（1130—1200），字元晦，祖籍徽州婺源，生于福建尤溪。其学继承北宋周、张、二程而集其大成，号称程朱理学。朱、吕本系世交，朱长于吕七岁。绍兴二十六年（1156），东莱二十岁时，他们初次相会于福唐（今福建省福清市）吕父大器的任所，两人一见倾心，即成莫逆之交。从此开始了学术上的讨论和交流。

张南轩名栻（1133—1180），字敬夫，号南轩，系抗金名将张浚长子，广汉人，迁居衡阳。南轩年长东莱四岁，师事湖湘派学者胡宏，被推为独得湖湘派真传的理学新秀。乾道五年（1169），东莱赴任严州州学教授，适值南轩亦来任严州太守，两人互相慕名已久，一见如故，各陈所学，乃成至交。

陆象山名九渊（1139—1193），字子静，号象山，金溪人。他开创了南宋道学中的"心学"一派，提出"宇宙便是吾心，吾心便是宇宙"的观点，而与朱子的"理学"有较大的分歧。东莱任礼部考官时，象山得以高中，乃成为东莱讨论学问的好友。

陈龙川名亮（1143—1194），字同甫，号龙川，永康人。为人豪迈不羁，卓然自立，勇于坚持自己的独立人格和学说。一生崇尚事功之学，有志于抗金恢复之大业。一向把东莱视为至交，他把东莱当作"海内知我者惟兄一人"。在东莱晚年，两人接触尤多。

朱子的闽学崇尚理学，陆象山的金溪之学崇尚心学，陈龙川的永康之学崇尚事功之学，而张南轩则是湖湘之学的代表，学术观点互不相同。然而，东莱都与之成为莫逆之交，并在其间竭力地起着协调作用，推动各派之间进行正常的学术交流。

二、同批湖湘

自乾道六年（1170）开始，东莱与南轩参与了以朱子为首的批判湖湘学派的论战。湖湘学派本是由五峰胡宏所开创，在学术界有其巨大的影响。五峰著有《知言》一书，即为湖湘学派的代表著作。五峰卒后，入室弟子张南轩和其他众多弟子继承了他的学说。然而朱子发现《知言》中存在不少问题，于是就与东莱、南轩互相探讨起来。由于讨论的进一步深入，乃发展成为一场批判湖湘学的论战。朱子首先把五峰的《知言》归结为八条加以批判："《知言》疑义，大端有八：性无善恶，心为已发，仁以用言，心以用尽，不事涵养，先务知识，气象迫狭，语论过高。"①实际上八条主要概括了湖湘学派的三个基本思想：一是性无善恶，天理人欲同体异用；二是性为未发，心为已发，性为体，心为用；三是先察识，后涵养。

东莱对《知言》的看法一贯坚持比较公允的态度，认为其中既有胜于他人的长处，也未免有其较多的局限和缺点。若论其优胜之处，则可以说"《知言》胜《正蒙》"；然而毕竟长处少而缺点多，所以东莱又认为其中"只有两段好，其余都不好"。有人认为东莱对《知言》的态度有些模棱两可，其实不然。因为许多学说本来就是优缺点杂糅的，弃其短而取其长，正是东莱治学的特本色。东莱正是按照自己的原则对《知言》有所取舍。不过在湖湘学与朱子学之间，东莱更多地认同于朱子之说。而且，朱子所批判的也确实正是湖湘学的缺陷所在，所以在批判湖湘学的论战中，东莱和朱子的观点基本上取得了

---

① 《朱子语类》卷一〇一。

一致。

张南轩本为五峰的入室弟子，实为湖湘派中的主要骨干，故而一直到乾道五年七月以前，还不曾对《知言》有所非议，也并不以"先察识、后涵养"和"未发为性、已发为心"之说为非。然而也就在这一年，他逐渐接受了朱子的看法。这意味着独得湖湘学真传的五峰弟子也放弃了湖湘学派的基本思想，使朱子同南轩有了共同语言来一起总结《知言》的是非得失。朱、吕、张三人之间主要是进行平等的学问交流，观点终于达成一致。湖湘学者彪居正（德美）、吴翌（晦叔）、胡实（广仲）、胡大原（伯逢）等，则作为五峰的嫡传入门弟子和胡氏家学传人，代表了湖湘学派的思想，成为朱、吕、张所共同批评的主要对象。这场批判湖湘派的论战先后形成讨论性说、仁说和心说的三个高峰。

乾道六年，朱、吕、张三人开始撰写《知言疑义》一书。此书的写作采取了三人共同商讨、求同存异的方法，目的在于自求理解，同析疑义。先是朱、吕、张三人各就《知言》写出疑义，经过往返讨论交流，由朱子在乾道七年汰除重复，删繁就简编定成书。所以，这本《知言疑义》乃是朱子同东莱、南轩三人反复讨论而成的共同产物。在《知言疑义》中，集中批评了湖湘学的五个主要思想：

第一是"性心体用，心以成性"说。五峰以性为万物本体，继承上蔡之说认为性与心的关系是体与用的关系，"圣人指明其体曰性，指明其用曰心"。性的发动便是心，因此"性为未发，心为已发"。"心"是认识的主体，它的作用就在于通过认识天地万物的客体以体现、实现"性"，故称"心以成性"。朱、吕、张三人虽然不反对性（理）为万物本体的说法，但他们否定性心是体用的关系，反对从功用上说心。他们认为未发为性，已发为情，心则是统摄性、情的，因此"论心必兼性情，然后语意完备"。他们主张把《知言》的"心以成性"改为"心统性情"。

第二是"性无善恶，性有好恶"说。五峰认为人性本中，无所谓善恶。因为性是万物本体，万物皆有对，而性作为产生万物的本体则是无对的；如果说性有善恶，那么性便是有对，不能称其为本体了。性虽无善恶，却有好恶，因此他认为"好恶为性"，"好恶即性"。朱、吕、张三人从二程、横渠之说出发，认为性即理，因此性无不善；但性有天命之性与气质之性的区别，天命之性是善的，气质之性则有善有恶。他们也承认性有好恶，但认为好恶并不是性；"好恶固性之所有，然直谓之性，则不可"。

第三是"天理人欲同体异用"说。五峰认为"天理人欲同体而异用，同行而异情"，把天理人欲看成是你中有我、我中有你的同一体，两者没有主次先后之别。这种说法其实在湖湘派的理学体系中造成了不能自圆其说的自我矛盾：这首先同五峰的性本论尖锐矛盾。在五峰那里"性"即"道"，都是指宇宙的本体，"性"具万理，而"道"也即普遍之理，即"万理之全体者"。但如果说天理中有人欲，人欲中有天理，这无异于承认人欲也是宇宙本体了。天理先天地而在，而人欲是人产生后才有，从时间上说也不是同时并行，同体异用。其次这又同五峰的"存天理，灭人欲"说尖锐矛盾。五峰也主张存理灭欲，不把人欲看成是一种自然人性，但如果天理与人欲生来就是同体合一，互相包容，又怎么能复天理、去人欲呢？此外这种天理人欲同体异用的说法，同五峰的其他观点如尽心说、仁义说等等也都不能相容。所以朱、吕、张三人从二程立场批评他"以天理人欲混为一区"，"盖欲人于天理中拣别得人欲，又于人欲中便见得天理"。

第四是"心无死生"说。五峰认为心无生死，说得含混玄虚，他要人"无以形观心，而以心观心"，就能领会心无死生的奥秘。朱、吕、张三人批评心无死生"几于释氏轮回之说矣"，认为天地之心"通古今而无成坏"，人心则"随形气而有始终"。

第五是"先察识，后涵养"说。五峰提出了为仁先识仁体的说法，认为先须有察识，"一有见焉，操而存之，存而养之，养而充之"。这乃是一个先察识后涵养还是先涵养后察识的老问题。朱、吕、张三人认为先识仁体后为仁的说法缺少平日涵养之功，故从敬知双修的学问大旨出发，认为察识涵养两者不可偏废，但"圣门之教，详于持养，而略于体察"。

显然，《知言疑义》表明了朱、吕、张三人同湖湘学派思想的分歧已经扩大到整个理学体系，成为他们同湖湘学者进行论战的总纲。这场论战便以《知言疑义》为起点沿着性说、仁说和心说三条线展开了。

这次论战从乾道六年到淳熙元年，延续了整整四年。在此期间，既有共同应付湖湘学者的论辩，也有三人内部消解分歧的交流。到论战结束时，三人之间对于理学的基本问题上业已取得了共识。经过对湖湘学的批判，朱、吕、张三人终于建立起了基本一致的较为完整而系统的理学体系。而他们所批判的湖湘学派，在未论战之前还是一个足以同吕氏婺学、朱氏闽学鼎足抗衡的一大学派，在这场论战中他们的学派领袖张南轩自己先倒向了朱、吕一边，致使湖湘学走向衰落。自此以后，湖湘学已经不再是他们三人批判的主要对象，而"临川之说方炽"，江西陆氏兄弟的心学又成了他们共同关注的目标。

三、协调朱陆

当时的各学派，无论是朱子的理学，还是陆象山的心学，抑或永嘉、永康的功利之学，都是以儒家学说为理论基础和指导思想来为治国安民服务的，他们的出发点和归宿点高度一致，相互之间并不存在什么原则分歧。然而，各学派又未免都有所"偏"，独有东莱能以其宽宏的"宰相之量"来"陶铸同类"。故东莱认为，各派完全可以渐化其偏，相互取长补短进行融合。于是，东莱在各个不同学派之间一直起着协调融合以期"会归于一，而定所适从"的作用。

东莱认为，陆氏心学与朱子的理学之间较之湖湘学存在着更大的分歧，所以难免会引起一场更大的论辩。他觉得朱、陆之间如果引起学术争论，必将对弘扬圣学带来不利，而朱、陆二人又都是自己的至交，自己有责任协调双方的关系。

由于东莱与朱子、陆象山都相知甚深，因而他主动充当双方的调停者。为了调和朱、陆之间的理论分歧，东莱约同朱子和陆象山、陆复斋兄弟等到信州（今江西省上饶市）铅山鹅湖寺举行学术会谈。鹅湖之会共进行了十天，朱、陆双方就"心"与"理"的关系进行了辩论。朱子以心与理为二，理是本体，心是认识的主体；陆象山以心与理为一，以心统贯主体与客体。朱子以为理生万物，心具众理而应万物，故主张即事物穷理；陆象山认为心涵万物，心即众理而成宇宙，故主张离事自悟。但主要是前三日就"教人"之法的问题上引起了争辩。在这个问题上，朱子强调通过对外物的考察来启发人的内心潜在良知；陆氏兄弟则主张"先发明人之本心"，反对多做读书穷理的工夫。而在以后长达五六天时间的切磋论学中，对一些具体的经学和理学问题还是多有一致。故从第四天以后，气氛趋于缓和融洽，甚至双方相互介绍门下弟子，会间弟子也相互问学不受师阻。

东莱作为会议的主持者，在会上并没有作明确的表态，对于朱、陆双方的观点，"甚有虚心相听之意"，并在会后一再肯定"诸公相聚切磋，甚觉有益"，但内心还是倾向于朱子的"教人"之法，认为二陆轻视读书和知识的主张过于疏阔。对此，可从东莱《与陈同甫》中对朱、陆的不同评价看得出来。他说："元晦英迈刚明，而工夫就实入细，殊未可量；子静亦坚实有力，但欠开阔耳。"①所谓"欠开阔"，乃是对陆氏认识论流于空疏的一种婉转批评。正是基于这种认识，东莱在会后一直利用自己对二陆的影响，积极协助朱子做二陆的转化工作。鹅湖会后的将近一年时间之中，朱、陆二人都分别对所讨论的问题进行了深刻的反思，都认识到自己学说中的不足之处而作了进一步的探索，都表示要考虑对方观点，克服一己之偏的意愿。东莱则与朱、陆之间书信交往频繁，从中做了不少协调的工作。因此，鹅湖之会虽然没有达到东莱"会归于一"的预期目标，但由此而拉开了学术界正常争鸣的序幕，促使朱、陆双方都作出了一些积极而有益的反省，促进了学术的正常发展；而且也由此进一步显示了东莱所创建的婺学善于兼容并协调众说的学派特色。

从鹅湖之会以来，东莱从未中断过协调朱、陆关系的努力。一直到淳熙八年（1181）四十五岁业已身患重病时，仍念念不忘调解朱、陆两人之间的矛盾。他书信往来于两人之间，希望他们彼此消除分歧，求同存异，以期在理学的基本观点上趋向一致。从朱、陆学术分歧的整个历程看来，鹅湖会后通过东莱长期从中协调，双方开始逐步靠拢。淳熙六年二月，朱子赴南康任途中，陆复斋从抚州来访，与朱子会见于铅山观音寺。这次相会，两人各有一些自我批评。复斋深受朱子的影响，因而基本上倾向了朱子。陆象山显然受到复斋的影响，也做出了自

---

① 《吕祖谦全集》第一册，第472页。

我检讨的姿态，承认读书讲学的不可废，而把它作为一种方法论吸收到自己的心学体系中来。不久，象山主动邀约在秋间到南康与朱子相会，共游庐山，并在白鹿洞书院举行了著名的白鹿洞之会，成为浙闽赣士子注目的盛事。然而由于复斋的去世，朱、陆的关系发展至此而止。接着，更由于关键人物东莱的过早逝世，朱、陆关系越来越远。二人的矛盾终于不可避免地激化，引发了一场朱攻陆为禅学、陆攻朱为老学的学术论战。

四、广泛交流

东莱一生中的重要学术交流活动，当数寒泉、鹅湖、三衢等三次学术讨论会。其中影响最大的鹅湖之会已如上述，而之前与之后的寒泉、三衢两会，则是专门与朱子交流的活动。

淳熙二年（1175）三月，东莱带门生潘景愈入闽访问朱子，在朱为母守墓兼讲学的寒泉精舍讲论学问。两人共同阅读并研究了北宋理学家周濂溪、张横渠、程明道、程伊川四人的著作，然后从四子的十四种书中辑出六百二十二条，分为十四类，汇编而成《近思录》十四卷，以作为初学者的入门教材。共编《近思录》标志着朱、吕两位理学大师的思想交流和合作著书的圆满成功，而《近思录》也就成为理学的经典著作。一个半月的寒泉之会，是朱、吕两人生平最长的一次相会，讨论的问题非常广泛，在很多方面取得了一致，对他们后来各自的经学与道学的发展都产生了直接的影响。

次年三月底，东莱应朱子之约，由金华赴三衢相会于开化县北的汪氏听雨轩，以讨论长期所积的学术问题。在会上，主要是讨论《诗》《书》《易》《礼》《春秋》五部经书中的疑义。有些方面取得了认识上的一致，但也有不少方面出现了新的分歧。例如在《诗》学上，东莱是南渡以来专主毛郑之说的《诗》学大家，而朱子则对《毛序》萌生了怀疑，把自己以前曾经主毛郑之说的观点视为"旧说"而准备加以扬弃。因此，东莱的《吕氏家塾读诗记》和朱子的《诗集传》分别成为代表主毛郑与反毛郑两种《诗》学的影响最大的著作。三衢之会是朱、吕两位大师在经学与道学思想发展上的又一个重要里程碑。如果说寒泉之会表明了两人的道学思想基本一致，那么三衢之会表明了两人的经学思想尚有较多的分歧。

就婺州本地各学派而言，诸家都很重视师友之间的讲习与交流。各派的代表人物，相互砥砺，商量所学，是既频繁而又十分热烈的。东莱的金华学派与龙川陈亮的永康学派也是两个不同的流派。但是龙川最尊敬东莱，常把著作送请东莱指正，东莱也毫无保留地说出自己的看法。龙川也曾与东莱当面争论，往往自昼入夜。水心叶适序《龙川文集》就提到东莱退居金华后，龙川间往视之，"极论至夜分"的情况。

龙川对于朱子这样一个知广识博、名高声远的理学宗师，尚不肯有半点退让，然而对东莱却极为敬重，既尊之为师长，复引之为契友。其间通信相当频繁，互相访问，过从甚密。龙川每为一文，每刻一书，往往先送东莱求正。为什么东莱独能获得像龙川这样一代豪迈不羁之士的倾心服膺呢？其实不外乎两条：一是东莱具有足以使人信服的学识，二是东莱具有宽厚待人、兼容万物的雅量。东莱在与龙川的交往中，始终表现出一种宽厚和蔼的长者风度，他既能十分同情龙川之处境，又非常能理解其心情，故其书信的内容不仅在切磋学术，而且也充满抚慰、劝勉、开导与鼓励之词，以砥砺其德行。每当龙川有忧患时，总能得到东莱的宽厚善待与多方排解，龙川对此是十分感动的，常谓"四海相知惟伯恭一人"。正因为东莱具有兼容众说的宽宏雅量，才能吸引各具才智、不同学派的人物都凝聚在其周围。当时各学派的代表人物都乐意与之交往，所以东莱与永嘉学派的郑景望、薛士龙以及较后进的陈君举、叶水心都保持着亲密的关系。在当时，与任何一个学者相比，东莱的相知友好最多，学术联系面也最广。

在东莱未逝以前，各个学派的对立和分化在朱、吕、张三家讲学论道的笼罩下还不明朗。浙东各派学者都聚集在东莱这面旗帜下，缺少各自的面目；江西陆氏兄弟也把东莱视为学术上的同道；朱子更把东莱看成是"吾道"中人。一到东莱去世，这种学派局面打破了。以东莱为精神纽带的各学派之间表面的团聚力一下子消除，潜伏的学派分化不可避免地公开化。他们都借着悼念东莱的机会，把东莱拉作为自己学派的旗帜。正由于东莱在学术界的巨大影响，加之他待人宽厚的处世品德和在学术上能够兼容各派的治学态度，因而对于他的逝世，各学派的学者无不为之悲叹惋惜。他们一方面对东莱去世寄予深切的悼念之情，一方面抓住东莱学术思想中的某一方面为自己学派张目。正由于东莱的去世，理学与心学之间的朱、陆之争日趋激化，而性理学派与功利学派之间的朱、陈之争又拉开了序幕。

东莱一生致力于协调各学派之间的关系，他百般周旋，极力调停当时各家之间的争论，希望各派之间能够求同存异进行正常交流，从而达到在基本观点上"会归于一"。诚然，这不过是一种出于天真而难以实现的美好愿望，尽管东莱以最大的宽宏雅量来兼容和协调各学派之间的分歧，但是这种学术观点上的分歧最终仍然难以消弭。东莱生前虽然未能协调朱、陆之间以及理学与事功之学之间的关系而使之"会归于一而定所适从"，然而通过东莱毕生的努力，确实推动了当时各学派之间进行正常交流的活动，这对繁荣当时的学术争鸣和促进学术的发展，无疑作出了积极而巨大的贡献。而且，他的经世致用的务实精神和兼容众说的治学方法，则长期为他的后学所继承和弘扬。

东莱的婺学作为崛起于婺州之境的具有地方特色的文化，理所当然会对本地的民风民俗起有巨大的指导作用。然而由于婺学本身的成就及其兼容众说的特色和广泛的交流，因而对整个学术史特别是对浙东学派影响巨大。而且，由于婺学蕴含的理论有其一定的正确性和合理性，因而在建设现代化物质文明和精神文明方面，也具有重大的积极意义。

一、地域影响

东莱的婺学，是在中华民族传统文化中的主流文化儒学的哺育下，通过婺州的自然环境和民风习俗的熏染陶冶而崛起的。然而这种学术思想一旦形成之后，又对本地区的士风民俗、各行各业乃至文艺创作等文化传统方面，起有理论上的指导作用。

首先，婺学所倡导的经世致用之学，不仅出仕从政者将之运用到施政治民之中，即使是平民布衣，也善于把经世致用之道具体运用到立身、处世、创业与治家之中。诸如武义巩丰、义乌喻侃都深通婺学，故出为地方官，都能政尚宽简，处理诉讼案件，秉公执法，为民信服。兼通朱吕之学的义乌徐侨，虽居显官，仍以俭朴自持。他在上疏力陈弊政时，宋理宗见其衣履垢敝，谓其清贫。侨对曰："臣不贫，而陛下乃贫。"遂指出疆土缩小，将帅无能，盗贼四起，国库空虚，百姓困于横敛，群臣饱于私囊，天子孤立，国势垂危等等弊端，正是国家贫弱的表现。浦江王万出任台州知府，适逢荒年，他即开仓赈济；继擢监察御史，又曾多次上书纵论抗金大计与沿边事宜，皆切合实际。兰溪陈萍，自幼刻苦好学，通晓经典，并精骑射。元成宗时，任吐蕃宣慰使，奉命帅兵平定其地。及武宗朝，以其习知西事，又特命抚宁边陲。陈萍初至其境，即有数千骑越境入侵，猝然与之相遇，萍即急令从骑解鞍列坐，环以重车，如城郭之状，左右指挥，外示闲暇。敌疑有伏兵，惧不敢前。萍引弓射中敌首白帽，敌兵惊骇而遁，从此诸部降服，不敢违叛。浦江吴直方，读书注重掌握要领，对经史中有可供决断大事、辨别疑难的事例或格言之类，必随时记下，以备借鉴。任宣政殿长史时，元顺帝深忧伯颜恃功专权，直方为之出谋划策，将伯颜夺权贬谪。官至集贤直学士，曾多次提出革除某些虐政的建议，施行了较多利民的措施。又如义乌朱震亨，世称丹溪先生，早年向白云许谦受学，一以躬行为本，以其所学行之乡党州闾之间，力求兴利除害。又尝谓："吾穷而在下，泽不能及远，随分可自致者，其惟医乎！"①遂专心学医，成为医学史上的四大家之一。他把白云所传的"天命人心之秘，内圣外王之微"运用于为社会兴利除害的实践之中。并为此而学医，来实行他的济世抱负，从而把心性之学和济世事业高度统一起来。其弟子浦江戴原礼，早年向丹溪学习理学，兼及医术，后以医术著名，且遵丹溪之教，一生能以医术济世。婺州士人受朱、戴两位名医的影响，以儒兼医者甚众，大都能把医术视为救世扶伤的济世之方。

其次，婺学的求真务实精神，造就了婺州之民脚踏实地的办事作风，举凡出仕从政者，则大都能做一些有利于当地百姓的实事。如金华王师愈任宣教郎知潭州长沙县，施政一以仁恕安静为本，纲目严整而守之有常。百姓有讼事，即循循善诱，而对当时装神弄鬼、蛊惑民众者，则擒其首领，厉禁巫鬼，使民俗为之一变。在代知严州时，赏信罚必，土豪不敢妄为。救赈饥民尤为周密，并奏请蠲免徭役，减轻百姓负担。大旱之年，先有布置，境内无馁者，且有余粟救济其他地方。又东莱弟子金华叶秀发知高邮军时，高邮多湖泊，水高而田下，堤防不固。秀发详察地势之宜，组织民众，建造石埭，使之既可疏水以防水患，又可积水用于灌溉，以防旱灾。永康吴思齐，宋末任嘉兴县丞，一到任即亲自坐在监狱门口逐一审问案件，使不少冤案疑狱得以昭雪平反。金华叶审言，其学以寡欲为宗，任衢州

---

① 《宋元学案》卷八二《北山四先生学案》，《黄宗羲全集》第六册，第286页。

明正书院山长时，即将被道流冒占的二百余亩田地，设法归还当地百姓，因而受到百姓的爱戴。兰溪名儒吴师道，任宁国路录事，时逢大旱，师道劝大户捐助，得粮三万七千六百石，以赈饥民；又呈请上司得救济粮四万石，钞三万八千四百锭，使三十余万人得免饥馑。任建德县尹时，逼使豪户退出强占的学田，并减轻了民众的茶税负担。浦江郑湜在任福建布政司左参议时，一到官就撤去贪吏，革除弊政，多年积压不决的案件，尽皆剖审无遗。当时南靖县有乡民起事，被诬牵连者数百家，官军部曲多掠夺其妇女为奴。郑湜提请诸将把她们全部放还，并赦免受累人家之罪，乡民皆感其德。

其三，东莱刻苦严谨的治学精神，既继承于婺州先贤的优良传统，又为婺州学子作出了更为杰出的榜样。婺学的学者都能以刻苦严谨的精神治学，尤其是宋濂耐苦从学的事例更为世所熟知。而在他们的影响之下，婺州士人都能发扬这一精神。例如由松阳迁居金华的潘景宪，不以年长为耻，拜于东莱门下，他读书刻苦，虽家道富裕，生活却很俭朴，还常以私谷敛散，以惠乡人。义乌刘应龟，自幼喜研经学，治学态度严肃认真，不求表面理解，务必弄懂书中奥秘方休。义乌王炎泽，教学以严密谨慎著称，推明大义，从不支离穿凿。浦江黄景昌，孜孜于学，至老不倦，治学极其严谨。他有鉴于《春秋》三传异说，学者不知所从，乃作《春秋举传论》，据经为断，各采三家之长，有不合者悉为严辞辩正；又因阳恪著《夏时考正》，言三代悉用夏时而不改月数，乃作《周正如传考》与之辩论；又有朱子弟子蔡沈集众说为《书传》，当世无敢议其非，景昌独疏其谬误数十百条而作《蔡氏传正误》，皆能考证严密精细，一丝不苟。

其四，东莱主张本末并举，农商相通，重视各行术业，故而婺州之民并不轻视工商技艺，促使婺州地区各种行业与艺术特别兴盛。婺州各县虽然都以农业经济为主，但是又能根据当地的条件和传统发展其具有特色的各种技艺和工商业。如永康制造铁器的手工业异常发达，东阳则以木工、雕刻的手工业著称于世等，皆其显例。而义乌人则善于经商，以货郎为业者甚众。他们把日常生活所需的小商品输送到各县的乡村，而把当地的废铜、废铁和鸡毛之类进行回收，这是把"农商相通"的理论具体贯彻到实际生活中去。又如浦江的士人在熟读经史之余大都能书善画，他们不仅文与道并重，而且艺与文、道亦并重。影响所及，浦江有许多普通人亦能以书画著称。

其五，东莱所著《家范》一书，对婺州的家族文化影响甚大。当地许多较大的家族，都能把儒家的一整套经世理论运用到治家的具体实践中去。婺州自宋元明以来，从五世、六世乃至七世以上兄弟同居的大家族不可胜计。而最具典型性的，当数号称"江南第一家"的浦江郑义门，它是中国家族史上以儒治家而实行世代同居、共财、聚食的著名典型。郑氏全族同居共炊长达十五世之久，合家食指达二千余口之多，自南宋建炎初（1128前后）至明天顺三年（1459），历三百三十余年。其规模之大，历时之久，制度之严，更为世所罕见，故号称"义门"。其创始者郑绮，一生信奉儒学，以朱吕合编的《近思录》作为思想指导，而以东莱的《家范》作为治家规范。主张以"孝义"立身，肃睦治家。而这种"孝义"的文化心理及其家族管理制度，与东莱婺学的巨大影响关系密切。像郑义门这样一个家族，其结构宛如一个小国家的缩影。它既有"孝义"这一道德标准作为思想指导，又有一整套管理制度可供实际管理并使全家遵循，无论在管理制度、财政制度和监督制度等各方面都具有实际的可操作性。其实，这就是把婺学所倡导的经世致用之道贯彻实行于治家方面的典型的成功事例。除郑氏而外，婺州的其余中小家族乃至普通人家，尽管没有郑义门这样的规模，然而大都能把经世致用之道实施于治家之中，则是婺州较为普遍的现象。所有这些，无不与东莱的婺学在意识形态方面的巨大影响有关。

二、历史影响

东莱注重创新这一优良学风的可贵，还不仅在于其众多门生能谨守此风，更重要的是这一优良学风在后世的学术界起了巨大的影响。宋末和元代婺州有不少高明的朱学传人，都不死守朱子之说，敢于发明新义，又颇喜治经制和史志之学。潜溪宋濂《答郡守聘五经师书》云："吾婺为东莱倡道之邦，而龟山（杨时）、考亭（朱子）之正宗，又往往传诸学者。"[1]婺州有先

---

① 《宋濂全集》第一册，浙江古籍出版社1999年版，第255页。

贤潘良贵和王师愈等受业于龟山，而龟山则是程门的高弟。故宋潜溪认为，婺州乃是东莱吕氏的理学和程朱理学共同盛行的地区。而所传程朱理学中影响最大者，当数毅斋徐侨与北山何基、鲁斋王柏、仁山金履祥、白云许谦师弟相承的所谓"北山四先生"。他们虽传自朱子本人或朱门的高弟勉斋黄榦，但并不墨守朱学。他们入元不仕，居山中授徒，与北方朱学大异其趣。

《宋史·何基传》称："基淳固笃实，绝类汉儒，虽一本于熹，然就其言发明，则精义新意，愈出不穷。"王鲁斋更不肯轻信，与其师何北山反复问辨，绝无唯唯诺诺习气。对朱子的说法不少地方持不同见解，如说《大学》格致之传不亡，无待于补，《中庸》应分二篇，"无极"不是无形等都是。金仁山号称明体达用之儒。黄百家说："仁山有《论孟考证》，发朱子之所未发，多所牴牾。其所以牴牾朱子者，非立异以为高，其明道之心亦欲如朱子耳。"①《元史·许谦传》称许白云道："于书无不读，穷探圣微，虽残文羡语，皆不敢忽。有不可通，则不敢强，于先儒之说，有所未安，亦不苟同也。"可见四先生都注重对朱学有所创发，为学术而不是为功名，显然是受东莱的影响。

东莱婺学所提倡的"求真务实"与"经世致用"的学风，到清代浙东学派就更加发扬光大了。尽管它是在批判宋明道学特别是王学末流"空言德性""侈谈性命"的基础上产生和发展起来的，但深受东莱婺学学风的巨大影响也是举世公认的。

---

① 《宋元学案》卷八二《北山四先生学案》，《黄宗羲全集》第六册，第227页。

清代浙东学派的中心在明州（宁波）。婺学从婺州传入明州，有两条重要途径值得一提：一是东莱之弟大愚吕祖俭在明州任上时，与"甬上四先生"为友，经常参与他们的讲学活动，而"以明招山中父兄中原文献之传左右其间"，因而"甬上四先生"的门生也同时接受了婺学的基本精神，并在明州广为传播。二是由东莱的弟子楼昉传其学于深宁王应麟之父王㧑，至深宁而得到光大与发扬。明州本为陆学盛行之区，从此而婺学也得以广为流传。而且，即使是陆学传人，亦大都受婺学影响而逐渐由空谈心性走向了务实之学。宋元之交的王深宁在婺学与浙东学术之间所起的中介作用更值得一提。

深宁兼传朱吕二家之学，而全谢山则径说他是吕学的传人："王尚书深宁独得吕学之大宗，……深宁论学，盖亦兼取诸家，然其综罗文献，实师法东莱，况深宁（王梓材案系王㧑之误）少师迂斋，则固明招之传也。"①深宁极博洽，经史百家，天文地理，都有研究，尤熟习掌故制度。他的著作以《困学纪闻》《玉海》二书最为后世所重。正因为这两部书在制度文献的考订上有重大的贡献，因而也可以看出他受婺学重视史学的影响之深。故全谢山在《王尚书画像记》中说："先生之学私淑东莱而兼综建安、江右、永嘉之传。"②可见他是以吕学为主并能兼蓄诸家。而所以能兼蓄诸家，又正是继承了东莱的优良学风。由

①《宋元学案》卷八五《深宁学案》，《黄宗羲全集》第六册，第362页。

②《宋元学案》卷八五《深宁学案》，《黄宗羲全集》第六册，第372页。

于深宁的弘扬，明州的重史之风才得以开创。《清史稿·全祖望传》载浙东学派的文献学大师全谢山入京举顺天乡试，户部侍郎李绂见其文曰："此深宁、东发后一人也。"正因为深宁与谢山都以史学为主而讲经世致用，故李绂将二人并称。即此可见二人之学的渊源关系，亦可以进而考见东莱婺学与浙东史学之间的源流关系。东莱及其后学王深宁，在史学上都有卓越贡献，从而影响到浙东史学的空前发展。

由于王深宁在明州一带的巨大影响，东莱所倡导的求真务实、经世致用、经史并重、兼取众长、注重创新、敢于批判等优良学风在清代浙东学派中得到了充分体现。

浙东学派的开创者梨洲黄宗羲，其学虽自王学而来，但其基本精神更为接近东莱婺学，因而他对东莱之学极为推崇，而对王学的末流之弊则作了深刻的批判。他把治经与治史结合起来，使之相辅相成，他说："学必原本于经术而后不为蹈虚，必证明于史籍而后足以应务。"他研究历史既是为了总结历史发展的经验，更是为现实的社会发展提供理论依据和历史借鉴。这充分说明了他是出于经世致用的目的而主张经史并重的。他的名著《明夷待访录》，不仅提出了许多前所未闻的新见解，而且还对君权乃至整个专制制度都作了深刻而无情的批判，充分体现了敢于批判和创新的精神。

梨洲的同门友乾初陈确，从务实出发而倡言"素位之学"。其《近言集》云："学者高谈性命，吾只与同志言素位之学，则无论所遭之幸与不幸，皆自有切实功夫，此学者实受用处。苟吾素位之学尽，而吾性亦无不尽矣。"所谓"素位之学"，就是每个人都根据自己所处的环境、职业和条件去学实际有用之学，如果脱离自己所处的环境去高谈性命，那就是脱离实际的无用之学。其《学解》云："学人所处，子臣弟友，不一其职；所遇，贫富顺逆，不一其境，而贫苦者恒居什七。日用工夫，各有攸宜。"他认为"素位是戒惧君子实下手用功处"，故主张在"百姓日用""谋生之事"中间找学问。尽管每个人的具体情况不一样，具体学问也相异，但"务实"这点是相同的。这可谓是对东莱婺学求真务实精神在广大人群中作了普遍的落实。

东莱婺学重视"多识前言往行""兼取众长"等学风，到明初宋景濂，更能以吕学为基础，广取宋儒朱、陆、陈、唐、方以及元儒黄、柳、吴诸家之长，贯通融合而成自己恢宏博大的学术体系，更是传承了婺学这一优良传统。在清代浙东学派中则得到进一步发扬。黄宗炎《周易象辞》云："学者观其法式而效习之，谓前言往行，学之于古；见贤思齐，三人有师，学之于今。会天下之众善，无所遗失，聚归于我矣。……包含遍复，宽大以宅心，于理何所不备，于人何所不容，可谓居天下之广居矣。"邵廷采《王门弟子所知传》亦云："因时指授，取其笃信，不必定宗一家也。"这种既学于古，又学于今，"会天下之众善"，"于人何所不容"，"不宗一家"的学风，显然与东莱吕氏的学风如出一辙，而为构建新的文化形态建立了理论基础。文献学大师全谢山，最痛恨门户之争，而注重实践。他说："夫门户之病最足锢人，贤圣所重在实践，不在词说。"故对东莱能兼容诸家的治学风格深表推崇，并为自己治学所取法。

东莱婺学从经世致用的宗旨出发而重视史学，这一精神对清代浙东学术的影响尤其巨大，它使浙东学派成为一个以史学著称的学派。实斋章学诚谓"浙东之学言性命者必究于史"这一特点，正是继承和发扬了东莱的重史之风。

清初大儒黄梨洲在史学研究中独树一帜，成为有清一代浙东史学之开创者，以其学术思想史之皇皇巨著和宋、明史料的搜集开了一代风气。其后继者万斯同、邵廷采、全祖望、章学诚、邵晋涵，莫不秉承学脉，殚精竭虑，在各自的史学研究中毕其生而竟其功，使浙东史学硕果累累，生面别开，成为一个很有影响的学派。这种巨大成就的取得，与其深受东莱重史之风的影响实有密切的联系。

明史专家万斯同致力于史学研究是为了"备他日经济之用"，因而他要求"使古今之典章法制烂然于胸中，而经纬条贯实可建万世之长策"，这样才"始为儒者之实学"。因而他设想："将尽取古今经国之大猷，而一一详究其始末，斟酌其确当，定为一代之规模，使今日坐而言者，他日可以作而行耳。"

史论大家章实斋本着经世致用的治学精神，主张"学为实事，文非空言，所谓有体必有用"，乃提出了"六经皆器"和"六经皆史"的著名观点。实斋对此进行了"贵约六经之旨"，"以切于人伦日用"的探索。他欲通过史学研究来探索历史发展的轨迹，以便把握其所以然。因而对已有史学遗产进行辨章学术，考镜源流，予以总结；提出"所贵君子之学术，为能持世而救偏"的史学宗旨；并在理论上创新，终于形成了一个较为系统的理论体系。

邵晋涵则提出了"载事务实而不轻褒贬，立言扶质而不尚掊扯"的修史标准。其中无不贯穿求真务实和经世致用这一精神。

由黄梨洲为鼻祖，章实斋为殿军的清代浙东史学，充分继承东莱婺学的优良传统，主张兼综诸说，言会众端，立足于现实，积极地整理传统文化遗产，以"会和"的姿态从传统文化中清理出新时代文化得以生长的基础。以其经世致用、贵在创新、注重理性三大特点形成自身独特的学派风格，为历史迈入近代作好了理论准备。

汉代以来，统治者一直奉行"崇本抑末""重农轻商"的经济政策。东莱独能率先提出"本末并举"的主张，继而陈龙川也提出了"商藉农而立，农赖商而行"的观点。于是，随后继起的永嘉学派的学者叶水心受此影响，也提出了相同的观点："夫四民交致其用，而后治化兴，抑末厚本，非正论也。"这些观点，直接影响到清代浙东学派的代表人物黄梨洲，他明确提出了"工商皆本"的思想。梨洲在其《明夷待访录·财计》中认为："有为佛而货者，有为巫而货者，有为倡优而货者，有为奇技淫巧而货者，皆不切于民用，一概痛绝之。"显然，他把"不切于民用"的称为"末"，要抑的也是这种"末"。至于"工商"，虽历代均称之为末，都加抑制，但梨洲否定了这种观点，他认为："世儒不察，以工商为末，妄议抑之。夫工固圣王之所欲来，商又使其愿出于途者，盖皆本也。"这种"工商皆本"的思想显然是东莱"本末并举"和龙川"农商相通"思想的进一步具体化和明确化。

由是观之，清初黄梨洲及其后继者如万斯大、万斯同、全祖望、章学诚等浙东学者，承接东莱婺学之余绪是很明显的。

此外，东莱婺学提倡经世致用，注重创新、敢于批判这一学风，一直影响到清初的顾亭林、黄梨洲、王船山、颜习斋等思想家、教育家，乃至乾嘉朴学诸家。他们对重道轻文、尊理贱欲、尚空谈不讲实用，专在心性上下功夫的道学教育，都作了深刻而尖锐的批判。如亭林治学，有很多地方绝似婺州学者，如反对空疏的心性之学，反对蹈袭古人，主张著书"必古人所未及就，后世之所不可无而为之"。对典制掌故尤重穷究原委，考证得失。由于顾亭林、黄梨洲等大师的影响，清代汉学大盛，乾嘉时一些有名的朴学大师的创新精神，如提倡"空诸依傍"，反对"私智穿凿，恃胸臆以为断"，以及"无稽不信"，敢于破出传注重围，真理所在，虽父师之言亦不苟同等，都可以仿佛看出南宋东莱婺学所发挥的潜力。而且，到了乾嘉之际，著名的高级书院都以课经史为主而轻性命之学和时文，并把钻研文献放在重要地位。而清代实学更强调把"内圣"的道德修养必须贯彻于"外王"的经世事业之中，弘扬了儒家积极入世的优良传统。这可以说都是受到东莱婺学的影响。

三、现代意义

东莱之学不仅在当时的众多学派中，堪称独树一帜而深得孔门之正传的一种学术思想，而且即使到现代，其中有许多合理的观点仍然值得继承与发扬。

其一，东莱提倡求真务实、经世致用、崇尚事功的精神。这种学风直接影响到浙江的民风民俗，体现为浙江人民有很强的事业心，能干一行爱一行。浙江学者在"道义"和"功利"的关系上，大都认为二者是统一的。他们认为"道"存在于"日用之间"的"事"中，即国计民生之中。道德修养不能徒事空谈，而要通过实事实功来体现。故而反对那种"百事不理""尽废天下之实"的所谓"道德性命"之说。这种"功利"与"道义"相统一的义利观，历来对浙江人有志于建功立业的事业心起有积极的作用。现代浙江籍的众多实业家在发展事业的过程中，见利思义，爱国爱乡，不仅在发展民族经济中作出了贡献，而且在资助家乡建设、发展文化教育和各种社会福利事业中，做了许多有益的事。随着现代化市场经济体制和法治建设日趋完善，诚信守约的经营理念也在不断加强。把国家和人民利益放在首位而又充分尊重公民合法利益的现代义利观，必将真正成为人们共同遵循的价值观念和道德规范。

其二，东莱注重创新、敢于批判的精神。受这种学风的影响，浙江人思想活跃，敢想敢做，发扬敢为天下先的创业精神。浙江人头脑机灵，心态开放，较能接受新思想。在历史上，浙江人积极进取，不畏强暴，具有反专制的光荣传统。在改革开放中，浙江人思想解放，走南闯北，锐意创新，敢冒风险，闯出了一条符合本地区实际的经济社会快速健康发展的路子。面对经济全球化和国际市场竞争的世界发展格局，有志者同时必须是多智多谋者，才能成为不断创新事业的优胜者。所以，我们应倡导浙江人继续发扬东莱婺学中注重创新、敢于批判的精神，永远保持活泼的精神状态，发扬浙江自己的固有特色，从思想上保证浙江的事业永远走在全国的前列。以期跳出浙江，面向全国，走向世界，敢于到经济全球化和高科技竞争的浪潮中去创大业。

其三，东莱刻苦严谨的治学精神，历来为世所称。如宋濂在《送东阳马生序》中所描述的刻苦好学乃至最后成功的亲身经历，一直在激励着一方人士的志气。体现在学业上，浙江的学子格外勤奋好学，这在历年的高考中，浙江的学生成绩都能名列前茅，即其明证。体现在事业上，浙江籍的企业家都能发扬艰苦奋斗的创业精神，职工都能发扬认真勤奋的敬业精神，即使是到外地打工者，也多能以艰苦耐劳的作风获得好评。许多浙江人，为了成就自己的事业，跑遍千山万水，历经千辛万苦，经受千锤百炼，终于成为艰苦创业的成功者。刻苦勤劳的浙江人，在创业的道路上，不畏艰险，不怕困难曲折，总是奋力向前，务在成功而后已。这种刻苦勤奋的创业敬业精神，确实值得大力弘扬。

其四，东莱早在南宋时代就已经意识到"崇本抑末""重农轻商"的经济思想是扼杀商品经济发展，导致人民贫困的一个重要原因，于是提出了"本末并举"的思想，大力促进了当地工商业的正常发展。故而历代以来，浙江地区各种行业与艺术特别兴盛。即使到现代，这种思想仍可被视为适应商品经济发展的观念形态。由于浙江人商品意识的启蒙较早，渴望致富的心情迫切，因此以民营经济为重要特点的浙江经济快速发展。例如永康素以铁工之业著称，因而发展成为现代著名的"五金之乡"；东阳素以木工、雕刻之业著称，因而发展成为现代著名的"百工之乡"；浦江素以多出书画之士著称，因而发展成为现代著名的"书画之乡"和"民间艺术之乡"；义乌素以从事货郎小商著称，因而发展成为现代闻名世界的"小商品城"；等等。无不与东莱的婺学在意识形态方面的巨大影响有关。所以，这种"本末并举"的思想，更是构建现代化和谐社会的理论基础。

其五，东莱强调道德与知识并重的学风，对于培养德才兼优的人才起有理论上的指导作用，即使对于目前提倡素质教育的方针仍未失去其积极意义。宋明道学中的陆王一派的教育宗旨，偏重道德而轻视知识，不主张多读书，认为读书乃是支离琐碎之事，对于实现圣人之道并无益处。这无疑是背离儒门中庸之道的原则而走向极端的一种偏见。然而时至今日，各学校在教育方面又流于片面追求升学率，重知识而轻道德，只管灌输知识而不过问道德修养。这样的教育方式，分明又已背离中庸之道的原则而走向了另一极端，流弊日久。所以，道德与知识并重，乃是教育事业所必须永远遵守的基本原则，因而东莱的教育理论及其方法仍然值得继承和弘扬。

其六，东莱所崇尚的不主一说、兼取众长的学风，不仅对于历代以来不同学派之间广泛展开学术交流，推动学术思想的正常发展，曾经起过巨大的积极作用，即使与今天所提倡的"百家争鸣，百花齐放"的方针也有其一致性。尤其是在当前世界各民族文化频繁交流之际，更能发挥其取长补短的积极作用。其实，早在清代前期，浙东学派的史学大家万斯同，在婺学兼容诸家之风的启发之下，就提出了"中西文化互补"的观点。他说："适西法既入，其说实可补中国所未及。""西人所矜为新说者，要皆旧法所固有；而西学所独得者，实可补旧法之疏略。"这种对不同文化融会贯通的思想，其实就是从东莱"不私一说，兼取众长"的学风发展而来。即此可知其价值。

东莱以继承和弘扬先秦儒家思想为使命，力求准确而灵活地运用儒家的中庸之道的方法来探索各种学术问题。其中"经世致用"是其学的宗旨；"求真务实"是要求一切知识言行必须符合客观规律，亦即理论必须联系实际，而反对脱离实际的高谈妙论，这是实现"经世致用"之旨的理论基础；而刻苦讲习、严谨治学、敢于批判、注重创新等，则是达到"经世致用"之旨所应具备的主体精神；其强调道德与知识并重、心性与事功并重、经史并重、文道并重、本末并举之类，则是体现了"执两用中"法则的具体运用；而"不主一说、兼取众长"，则是体现了"和而不同"法则之具体运用，而"执两用中"与"和而不同"，正是儒门中庸之道所用以正确处理事物关系的两大基本法则。就儒家的中庸之道而言，"执两用中"法则在于处理互相对立两端之间的关系以达到适得事理之宜而体现其正确；"和而不同"法则在于处理多种不同事物之间的关系以达到协调和谐而显示其博大。正确而又博大，正是先秦原儒学说的光辉形象，也是东莱婺学的光辉形象。所以，在与之同时代的各学派中，东莱独能得儒门之正传。

东莱的婺学，是他继承和弘扬先秦以来儒者智慧的结晶，并经由元明清以来先贤们总结发展，然后遗留给我们的一份珍贵遗产，其中不乏可供今天借鉴的精华。我们必须加以珍惜、继承、利用和进一步发扬。

东莱之学，尽管也难免含有某些因受时代局限而形成的消极成分，然而从总体上看，其仍是一种以追求真理为目标的具有积极进步意义的学术思想。它立足于婺州当时的具体环境，并从全国各学派中吸取长处来丰富自己的内容，以使之切合婺州当时之实际。今天，在对东莱婺学进行全面而系统的研究的基础上，择精抉微，总结其有助于今天经世致用的观点和经验，使之能适应历史发展的趋势而切合当前浙江乃至全国之实际，以供现代人民从事创业的参考之用，以发扬其永久的生命力。

参考文献

《吕祖谦全集》，（宋）吕祖谦撰，黄灵庚、吴战垒主编：浙江古籍出版社2008年版。

《四书章句集注》，（宋）朱熹撰，中华书局1983年版。

《近思录》十四卷，（宋）朱熹、吕祖谦撰，《文渊阁四库全书》本，台湾商务印书馆影印。

《二程集》，（宋）程颢、程颐撰，中华书局1981年版。

《晦庵集》，（宋）朱熹撰，《文渊阁四库全书》本，台湾商务印书馆影印。

《朱子语类》，（宋）黎靖德编，中华书局1986年版。

《南轩集》，（宋）张栻撰，《文渊阁四库全书》本，台湾商务印书馆影印。

《陆九渊集》，（宋）陆九渊撰，中华书局1980年版。

《陈亮集》，（宋）陈亮撰，河北教育出版社2003年版。

《叶适集》，（宋）叶适撰，中华书局1961年版。

《宋史》，中华书局校点本。

《黄宗羲全集·宋元学案》，（清）黄宗羲撰，沈善洪主编，吴光执行主编，浙江古籍出版社2005年版。

《婺学之宗——吕祖谦传》，徐儒宗著，浙江人民出版社

2005 年版。

《婺学通论》，徐儒宗著，杭州出版社 2010 年版。

《浙学通史》，徐儒宗著，浙江大学出版社 2021 年版。

《浙学通论》，吴光著，浙江大学出版社 2022 年版。

《浙江儒学通史》，吴光主编，浙江人民出版社 2022 年版。

《浙学与治国理政》，吴光主编，浙江人民出版社 2023 年版。

后 记

我少时初读《诗经》，先父即命以朱子《诗集传》和吕东莱《吕氏家塾读诗记》两书参互读之，当时只觉得朱、吕解《诗》时有分歧，使我产生了不少疑问。继读《春秋左传》，先父又命兼读《东莱左氏博议》，当时只觉得《博议》之文纵横恣肆，很能启发文思，而对于作者的身世及其学术思想并无多少了解。后来从事儒学研究，才逐渐认识到东莱在学术史和思想史上的历史地位。

1987年冬，为应邀参加"国际周易学术讨论会"而撰写《周易经传分合考》一文，乃对东莱的《古周易》作了较为深入的研究，并对其在易学上的贡献作了充分肯定。2000年，我在浙江省社会科学院申报了"婺学通论"的研究课题，方对东莱的身世及其所开创的"婺学"作了较为系统的考察，从而有了较为全面的了解。

2002年春，金华市政协准备出版《吕祖谦全集》，我应邀参加整理工作，承担了其中《古周易》《古易音训》《易说》《周易系辞精义》四种易学著作的整理校点任务，并对东莱一生的著作有了进一步了解。在召开整理校点该书的工作会议期间，由金华市政协组织专程赴武义明招山考察了吕东莱墓及其祖茔，又考察了东莱长期讲学的明招书院和朱吕讲堂。于是，对东莱的学术思想、治学精神、教学业绩和道德风范有了更为深切的感受。

2002年冬，我毅然承担了浙江省社科院"浙江文化名人传记"丛书中的《吕祖谦传》的撰写任务。我明知这是一部很难写的传记，因为东莱作为历史名人，一生既没有波澜壮阔、叱咤风云的功业，也没有悲欢离合、可歌可泣的情节；他一生的成就主要是从事讲学、著述和师友交流。显然，写这样的传记，不能以情节的推进为线索，而应该以学问的积累和思想的发展为脉络。正因为如此，撰写时难免侧重于学术性探讨。

今年初，文史馆筹备编纂"浙学大家"系列丛书，安排我承担吕祖谦卷的撰写任务。当时我正在抓紧撰写浙江省社科院的课题《浙江儒学通论》一书，但因文史馆对完成丛书的时间要求很紧，故我不得不暂停《通论》的写作而专心投入撰写吕祖谦这本书稿。谁知春节回老家时，族中正在筹备续修宗谱，要我任主编，无奈义不容辞，不得不在老家耽搁两月之久。其间，白天要到祠堂主持修谱工作，晚上才加班撰写本稿，致使本来预计在4月底可以交稿务，不得不一直延迟到6月上旬才匆匆交了尚未复核加工的初稿。

而且，本丛书要求以浙学与治国理政为主题，而东莱一生从事讲学和著述，缺乏从政的实绩，只能在理论上加以探讨。因而将其浩大的全集重加阅读，尤其把《东莱书说》《左氏博议》《历代制度详说》《丽泽论说集录》及其奏状、轮对札子、往来尺牍等作为重点，从中挹取有关内容加以系统整理，初步写成本稿。由于水平所限，时间匆促，所述或有谬误，尚祈读者谅解和指正。

本书在撰写过程中，多蒙文史馆领导和同事们的大力支持，对此一并致以衷心的感谢！

岁次甲辰仲夏之月（2024年6月）

徐儒宗识于杭州寓舍